사칙연산 말 사전 시리즈 1

장이의 말 더하기 사전

박현숙 글 | 강은옥 그림

살림어린이

 # 작가의 말

내가 초등학교 4학년 때 일이에요.

어느 날 체육 시간에 피구를 할 때였어요. 내가 공을 던지다가 나와 가장 친한 친구의 머리를 맞혔어요. 절대, 절대 그 친구를 맞히려고 그런 건 아니었는데 공이 멋대로 날아간 거예요. 내가 던진 공에 맞아 머리핀이 부러지고 말았어요. 머리핀이 부러지면서 머리를 찔러 피도 조금 났고요.

친구는 울고 아이들은 모두 다 내 탓이라고 했어요. 머리에 왜 던지느냐고요, 그러다 머리를 다치면 어떻게 하느냐고요. 나는 좀 억울했어요. 피구를 하다 보면 머리를 맞힐 수도 있어요. 나만 그런 게 아니잖아요. 그리고 나는 절대 머리를 맞히려고 했던 건 아니에요.

아이들이 모두 나를 탓하는데 그 친구는 가만히 있었어요. 나는 그것도 화가 났어요.

"현숙이가 일부러 그런 게 아니야."

이렇게 한마디 해 주면 얼마나 좋겠어요. 나는 그 친구에게 미안하다는 말을 하지 않았어요. 미안하다고 말하면 아이들 말처럼 내가 다 잘못한 게 되니까요. 그 뒤로 그 친구와 나는 멀어졌어요. 더 이상 친한 친구가 아니었어요. 그 친구와 멀어지고 나서 나는 심심하고 외롭게 지냈어요.

그런데 말이에요. 초등학교 졸업식을 하는 날, 그 친구가 갑자기 나에게 미안하다고 말하는 거예요. 그때 눈물이 쏟아졌어요. 그제야 나도 미안하다고 말했어요. 우린 다시 친해졌어요. 진작 미안하다고 말했다면 얼마나 좋았을까요. 공연히 자존심을 앞세우다가 2년을 친구 없이 지내고 말았어요.

우리는 '미안해', '고마워', '사랑해' 이런 말을 잘 못 해요. 그 말만 잘하면 친구든 가족이든 모든 관계가 좋아질 텐데 말이에요.

먼저 말해 보세요. 미안해! 고마워! 사랑해! 그러면 모든 관계가 더 좋아지는 기적 같은 일이 일어날 거예요.

동화 작가 **박현숙**

| 차례 |

작가의 말   04

프롤로그
말 사전은 이렇게 시작되었다   09

전학 오기 좋은 날   19

갑자기 옐로카드?   36

디데이 20일 전   46

신입 회원을 찾아라   56

드디어 탈출?   67

또다시 찾아온 위기 · 79

내가 뭐 잘못이람? · 92

나한테 할 말 없어? · 104

나 때문이래 · 122

신입 회원이 들어오다 · 133

오장이의 말 사전 · 144

프롤로그
말 사전은 이렇게 시작되었다

"1번! 1번! 도대체 몇 번이나 불러야 알아먹어?"

할멈이 소리를 지를 때마다 딱 벌어진 어깨에 꽉 낀 노란 저고리가 터질 것 같았다. 쪽을 찐 흰머리를 보면 할멈 같았지만, 솔직히 머리 말고는 할멈과 거리가 멀었다. 팔뚝 근육은 불끈거렸고 얼굴은 윤이 흐르다 못해 번쩍번쩍 광이 났다. 또 주먹은 복싱 선수도 울고 갈 정도로 단단했다.

"전데요."

할멈 코앞에 앉아 있던 아이가 손을 들었다.

"딴생각했어?"

"아닌데요, 제가 1번이라는 걸 깜박했어요. 제 이름이 아니라서 낯설잖아요."

"쯧쯧. 2번은?"

할멈이 묻자마자 1번 옆에 앉은 아이가 기다렸다는 듯 손을 번쩍 들었다.

"흠흠, 동작 빨라 좋군."

할멈은 흐뭇한 표정으로 고개를 끄덕였다.

"저는 3번이에요. 얘가 4번이고요. 저는 정신 빼놓고 있는 게 참 별로더라고요."

할멈의 칭찬이라도 받고 싶은지 관이는 묻기도 전에 냉큼 말했다. 칭찬은커녕 할멈이 얼굴을 있는 대로 찡그렸다.

"옐로카드!"

할멈이 치마 춤을 뒤적이더니 노란 종잇조각을 꺼내 높이 쳐들었다.

"네? 왜 대답 안 한 아이는 봐주고 저한테는 옐로카드를 줘요? 말도 안 돼!"

관이가 팔짝 뛰었다.

"크크크. 앞으로 너희는 옐로카드를 받을 일이 있을 거다. 옐로카드는 지금처럼 느닷없이, 예고 없이, 어이없이 받을 거니까 정신 똑바로 차려라!"

"우리가 왜 옐로카드를 받아요?"

관이가 물었다.

"여기에 왔으니 받는 거지, 누가 여기에 오라고 등 떠밀었니? 그러게 평소에 좀 잘하지!"

할멈은 못마땅한 표정이었다.

여기는 어디고 저 할멈은 누구지? 우리는 왜 퀴퀴한 흙냄새로 가득 찬 이 좁은 방에 와 있는 걸까?

나는 조금 전 있었던 일을 떠올렸다. 분명 나와 관이, 여자아이 두 명은 붕어빵 수레 앞에 서 있었다. 나와 관이는 친한 사이도 아닌데, 왜 같이 붕어빵을 사 먹으러 간 걸까?

나와 관이는 슈크림 붕어빵 여섯 개를, 여자애들은 팥 붕어빵 아홉 개를 주문했다. 붕어빵 장수 아저씨의 코끝이 유난히 빨갰다. 아저씨는 빨간 코를 벌름거리며 단 몇 초 만에 노릇노릇한 붕어빵을 구워냈다. 고소한 냄새가 진하게 나서 냄새 속으로 빨려 들어갈 거 같은 착각이 들었다. 그 고소한 붕어빵을 받아 길바닥에 앉아 먹었다.

마지막 여섯 개째 붕어빵 꼬리를 입에 넣은 순간, 붕어빵 장수 아저씨가 쇠꼬챙이로 수레를 탁탁 쳤다. 그때 하늘이 캄캄해졌다. 그리고 정신을 차리고 보니 이 방 안이었다.

"어떻게 갈수록 나를 찾는 사람들이 늘어나는 거지? 내가 인간들 때문에 피곤해서 살 수가 없다! 앞으로 한 사람당 20일! 넷이니까 합해서 80일 시간을 줄 거야. 이 시간 안에 여기서 나가지 못하면……. 에이그."

할멈이 더 이상 말을 잇지 못하고 생각만 해도 끔찍하다는 듯 고개를 절레절레 저었다.

"못 나가면…… 우리 죽어요?"

관이가 겁에 질려 물었다.

"죽어?"

여자아이들이 소스라치게 놀랐다.

"말하는 거 하고는. 하긴, 그렇게 생각 없이 말하니까 나한테 왔겠지. 쯧쯧. 자, 이거 봐라."

할멈은 지팡이로 방구석에 놓여 있는 대나무 통의 뚜껑을 열었다. 그러고는 그 안에서 두툼한 종이 뭉치를 꺼냈다.

"각각 다섯 명의 사람들이 너희를 신고했다. 신고를 받았으니 나는 일을 해결해야 하고. 서로서로 좀 협조를 잘해서 일을 제대로 해결하도록 하자. 그렇지 않으면 나는 나대로 더 피곤해지고 너희는……. 휴우."

할멈이 한숨을 얼마나 깊게 쉬는지 방문이 덜컹거렸다.

"신고요? 제가 뭘 잘못해서요? 저는 남의 물건을 훔친 적도 없고 누굴 때린 적도 없어요. 잘못한 것도 없는데 저를 왜 신고해요?"

"맞아요. 저도 그런 적 없어요."

관이도 여자아이들도 억울하다는 듯 펄쩍 뛰었다.

나도 억울하다. 나, 오장이가 누구냐. 학교에서나 집에서나 착하고 모범생이다. 나처럼 착하게 사는 사람이 있으면 나와 보라고 해라.

"여기에 오는 사람들은 다 그렇게 말하지. 단 한 명도 자신이 뭘 잘못했는지 모른다는 말이다. 자, 이 책 한 권씩 받아라. 이 책 안에 너희가 풀어야 할 문제가 있다. 각각 자신의 이름이 적힌 곳에 있는 문제를 풀도록 해라."

할멈은 두툼한 책 한 권씩을 던져 주었다. 나는 할멈이 던져 준 책을 휘리릭 넘겨 봤다. 글씨가 흐릿해서 잘 보이지 않았다.

"지금은 안 보일 거다. 어느 순간 보일 때가 올 테니 정신 똑바로 차리고 문제를 잘 풀어라. 문제를 다 풀어야 이곳에서 나갈 수 있다. 만약 그렇지 못하면 영영 이 방 안에서 살아야 한다."

"여기가 대체 어딘데요?"

나는 창문도 없는 이 방이 어디인지 궁금했다. 느낌으로는 그다지 좋은 곳이 아닐 거 같은데……. 특히 할멈의 인상이 별로다. 코끝이 빨간 것은 붕어빵 아저씨와 비슷했다.

"내 손바닥 안이지. 다시 한번 말하지만 그렇게 되면 나도 피곤하고 너희도 힘들질 거야. 나도 이제 늙었으니 좀 쉬면서 살고 싶어. 수백 년 동안 하루도 못 쉬었으니. 참! 이 문제는 한 명만 해결한다고 해서 나갈 수 없어. 네 명 모두 풀어야 한다. 뭐, 그러니까 너희는 한 몸이라는 거야."

"말도 안 돼요! 내가 왜 쟤들하고 한 몸이 되어야 해요?"

여자아이 하나가 소리를 빽 질렀다.

그때 할멈이 지팡이로 방바닥으로 탕탕 쳤다. 방바닥에서 연기 같은 것이 스멀스멀 올라왔다. 그러곤 할멈은 감쪽같이 사라졌다.

전학 오기 좋은 날

오늘은 4월 27일. 5월이 곧 내일모레다. 그런데 어젯밤부터 세상이 온통 하얀 눈에 뒤덮였다. 완전 폭설이었다.

"날씨가 제정신이 아니군."

아빠가 숟가락을 들다 말고 창밖을 내다보며 이렇게 중얼거렸다. 지금 상황과 아빠 말은 묘하게 잘 어울렸다.

"그러게. 꽃이 활짝 피었던데 웬 눈이야. 오늘 조심해. 당신도, 장이도."

엄마도 창밖을 보며 말했다.

"뭘 조심?"

"뭐든 다."

"하긴 뭐, 뭐든 조심해서 나쁠 거는 없지. 갑자기 눈이 내렸으니 제설 작업이 빨리 이뤄지기 어려울 테고, 그러면 도로가 미끄러우니까 조심해야 하고. 봄이라는 계절만 믿고 얇은 옷을 입고 나갔다가는 감기에 걸릴 염려가 있으니 그것도 조심해야 하고……. 그래서 회식을 하면 안 되지. 돈이 많이 드니까, 조심해야 해."

아빠가 하도 길게 말하는 바람에 중간에서 듣는 걸 멈췄다. 그 바람에 어쩌다가 조심해야 한다는 말이 회식 이야기까지 가게 되었는지 모르겠다. 아빠는 항상 그렇다. 엄마가 한마디 하면 그 한마디에 꼬리를 달기 시작하는데, 그 꼬리 길이가 엄청 길다. 그게 아빠가 말하는 습관이라고 할까.

"그냥 가니?"

밥을 다 먹고 주방에서 나오는데 엄마가 물었다. 내가 뭐

잊어버린 게 있나 생각했지만 없었다. 나는 어깨를 으쓱 올려 보였다.

"팥밥 말이야. 네가 어제 먹고 싶다고 노래를 불러서 엄마가 특별히 한 거야."

"네."

그게 뭐가 잘못되었나?

"어젯밤에 보니까 팥이 없지 뭐니. 한밤중에 부랴부랴 마트에 가서 팥을 사왔지. 아휴, 말도 마라. 눈이 내리려고 그랬는지 바람은 어찌나 차던지, 반팔 입고 나갔다가 깜짝 놀랐다니까."

"아……, 네."

그런 일이 있었군.

"그리고 팥을 삶으려고 새벽에 일찍 일어났지. 팥밥을 하려면 팥을 적당하게 삶아야 해. 덜 삶으면 죽을 쒀도 팥이 딱딱하고 너무 삶으면 으깨지지."

팥이 그렇게도 까다로운 곡물이었다니 미처 몰랐다.

"정성을 얼마나 들였는지, 역시 정성이 들어간 음식은 맛이 달라. 엄마는 오늘 팥밥 맛에 만족한단다."

나도 불만족은 아니다.

"엄마한테 할 말 없어?"

글쎄……. 나는 대답 대신 머리를 긁적였다.

엄마는 나를 빤히 쳐다봤다. 뭔가 간절하게 바라는 눈빛인데 나는 엄마가 이럴 때 제일 난감하고 곤란하다. 무슨 말

을 해 주길 바라는지 차라리 딱 꼬집어 주면 더 좋을 텐데 묻기만 한다.

"없는데요."

"됐다, 됐어. 내가 뭘 바라겠어. 어서 학교나 가."

엄마가 화를 냈다. 도대체 내가 뭘 잘못했다고 얼굴까지 벌게지면서 화를 내는지 모르겠다.

우산을 쓰고 가야 하나 어쩌나 망설이고 있는데 엄마가 신발장에서 우산을 꺼냈다.

"가자. 학교까지 데려다줄게."

됐다고, 괜찮다고 해도 엄마는 고개를 저었다. 내가 하도 잘 넘어지는 스타일이라서 믿을 수가 없다고 말이다. 내 나이, 이미 열 살하고도 한 살 더 먹었다. 클 만큼 컸는데 눈이 내린다고 엄마 손을 잡고 학교에 가야 하다니. 어쩐지 품이 나지 않을 거 같았지만 어쩔 수 없이 엄마와 함께 집에서 나왔다.

학교까지 걸어가는 시간이 평소보다 세 배는 넘게 걸렸다. 미끄럽기가 한겨울 도로 저리 가라였다. 엄마는 나에게 계속 우산을 씌워 주다 네 번이나 넘어졌다.

나는 오늘 알았다. 내가 잘 넘어지는 이유가 바로 엄마를 닮아서인 걸. 교문 앞에 도착했을 때 엄마 바지는 흠뻑 젖어 있었다. 손도 빨갛게 꽁꽁 얼어 있었다. 힐끗 보니 콧물도 질질 흐르고 있었다. 감기가 걸려도 옴팡 걸리게 생겼다.

"어서 들어가. 젖은 양말은 벗어서 말려야 해. 그냥 신고 있으면 감기 걸려. 알았지?"

"네."

나는 교실로 와서 양말을 벗어 창가에 널어놓은 다음 자리에 앉아 물끄러미 창밖을 내다봤다. 잠시 그쳤던 눈이 다시 내리기 시작했다. 이러다 온 세상이 눈에 파묻히면 어쩌나 걱정이 될 지경이었다. 눈보라를 헤치며 운동장으로 들어서고 있는 아이들 모습이 뿌옇게 보였다. 마치 눈의 왕국을 보는 듯했다.

그때 교실 앞문으로 선생님이 들어왔다. 선생님은 교실을 휘둘러보더니 내 앞으로 성큼성큼 걸어왔다. 그러더니 종이 한 장을 내밀었다.

"오늘이 4월 27일이거든. 여기에 적혀 있는 날짜 확인하고 사인해라. 사인이라고 해서 어렵게 생각하지 마. 네가 직접 네 이름을 쓰면 되는 거야."

"왜요?"

나하고 4월 27일하고 무슨 상관이라고.

"확인했으면 사인해."

"우리 아빠가 사인이나 도장 같은 거 함부로 하거나 찍지 말라고 했는데요. 그러다 큰일 난다고."

이 말은 사실이다. 아빠는 두 번인가 사인을 잘못하는 바람에 큰 고초를 겪었다고 했다. 아빠 친구와 관련된 이야기인데 자세한 것은 잘 모르겠다.

"여기 4월 27일이라고 써 있는 거 봤지?"

"네."

"그럼 사인해."

"우리 아빠가……."

"오늘이 4월 27일인 거 맞지? 맞으면 사인하라니까! 교장 선생님이 받아 오라고 그러셨어. 굉장히 중요한 일이라고."

교장 선생님이? 왜? 의문이 들었다. 하지만 오늘이 4월 27일인 거는 확실하다. 날짜 때문에 큰일 날 일은 없겠지. 나는 선생님이 내민 펜으로 시원하게 사인을 했다.

2교시 수업 시작종이 울리고, 잠시 후 교실로 들어서는 선생님 뒤로 웬 아이가 졸졸 따라왔다. 머리를 양쪽으로 묶고 묶은 머리를 다시 쫑쫑 땋은 아이였다. 어디서 많이 본 듯 낯익은 얼굴인데 어디서 봤는지는 기억이 나지 않았다.

"전학 온 친구야. 이름은 금달진. 달진이는 보형이 옆에 앉자."

선생님이 보형이 옆자리를 가리켰다. 금달진이 자리에 앉자마자 선생님은 종이 한 장을 들고 금달진에게 다가갔다.

"오늘이 4월 27일이거든. 날짜 확인하고 사인해. 사인이라고 해서 어렵게 생각하지 마. 네가 직접 네 이름을 쓰면 되는 거야."

"제가 4월 27일에 전학 왔다는 확인인 건가 봐요?"

금달진은 두말 않고 사인을 했다.

2교시를 마치는 종이 울렸을 때 창밖은 완전히 눈 세상이었다. 펑펑 쏟아지는 눈 때문에 아무것도 보이지 않았다. 그 눈을 뚫고 또 한 명의 아이가 전학을 왔다. 3교시를 시작할 때였다.

"오늘 눈이 펑펑 내려서 전학 오기 딱 좋은 날인가 보다. 이 친구 이름은 은소진이란다."

은소진이라는 아이도 양 갈래로 쫑쫑 땋은 머리를 하고 있었다. 어디선가 한 번쯤은 만났던 아이 같은데 어디에서

만났는지 기억나지 않았다. 선생님은 은소진에게도 날짜를 확인한 다음 사인을 하라고 했다. 은소진은 묻지도 따지지도 않고 사인을 했다.

전학 오기 딱 좋은, 눈이 펑펑 쏟아지는 4월 27일에 세 번째 전학생이 왔다. 4교시를 시작할 때 작년 10월에 다른 학교로 전학 갔던 관이가 도로 전학을 왔다. 6개월 만에 다시 만난 관이는 많이 변해 있었다. 키는 큰 거 같은데 살은 쪽 빠졌고 뽀얗던 얼굴은 까무잡잡했다. 선생님은 관이에게도 사인을 받아냈다.

"어쩌다 오늘 우리 반에 세 명이나 한꺼번에 전학을 왔구나. 우리 학교는 꼭 동아리에 드는 걸 의무로 한단다. 우리 반 아이들은 이미 지난주에 동아리에 다 가입했거든. 다른 동아리는 자리가 없으니까 달진이와 소진이 그리고 관이는 변사 동아리에 가입하도록 하자. 그 동아리만 자리가 비어 있어. 선생님은 장이가 만든 변사 동아리에 회원이 가입하지 않아 무척 마음이 아팠거든. 아주 잘되었다. 처음에 변사 동아리는 인기 폭발이었지. 동아리가 생소하고 참신해서 아이들 호기심을 콕콕 찌르는 데는 최고였거든. 그런데 너도나도 다 들 거 같았는데 막판에 왜 한 명도 가입을 하지 않았는지 불가사의야."

선생님이 애처로운 눈빛으로 나를 물끄러미 바라봤다. 나도 모르겠다. 왜 변사 동아리에 한 명도 가입하지 않았는지 말이다. 내가 너무 까다롭게 오디션을 봤나? 다른 동아리는 오디션 같은 거 없다고 했다.

'아니야, 아니야.'

나는 고개를 저었다. 나는 목소리가 어떤지, 감정은 얼마나 잘 잡는지 그 정도만 테스트했다. 변사 동아리에서 그건 아주 중요한 거다. 노래를 못하는 아이가 뮤지컬 동아리에 들면 곤란한 것과 마찬가지다. 목소리나 감정이 따라주지 않으면 변사 동아리에서 활동하는 것은 곤란하다. 오디션을 거

쳐 몇 명을 합격시켰다. 그런데 합격시킨 아이들이 모두 가입하지 않았다. 선생님 말대로 불가사의한 일이다.

아무튼 요즘 변사 동아리 때문에 고민이 많았다. 변사 동아리를 없애고 나도 다른 동아리에 들어가야 하나 어쩌나 갈등의 시간을 보내고 있는 중이었다. 서글프지만 말이다.

"변사 동아리가 뭔데요?"

금달진이 손을 들고 물었다.

"그건 동아리 회장인 장이가 직접 설명해 줄 거다."

나는 목소리를 가다듬었다. 회원 세 명이 넝쿨째 들어오게 생겼다.

"변사는 예전에 소리가 없는 무성 영화가 나오던 시절에 배우의 행동이나 말을 대신해 주던 사람이야. 변사가 얼마나 잘하는지에 따라서 영화가 성공하기도 하고 실패하기도 했대. 변사 동아리에서는 멋진 변사를 만드는 걸 목표로 해. 학예회

때 되게 할 일이 많을 거야. 나중에 유튜브에 올릴 영상을 만들어도 재미있을 거고."

"요즘처럼 오디오 빵빵한 시대에 왜 그런 거를 해? 상황에 맞는 오디오를 실감나게 넣으면 더 재미있는데 왜 목소리 하나로 모든 걸 다 하려고 해? 힘들고 촌스럽게."

금달진은 촌스럽다는 말에 유독 힘을 주었다.

"저는 변사 동아리 들어갈 거예요. 장이가 불쌍해서요. 에이그, 불쌍해라."

관이는 불쌍하다는 말에 힘을 주었다. 기분이 나빴다.

"저도 들어가든가요. 뭐가 뭔지 잘 모르겠지만 불쌍한 사람은 도와야겠지요. 우리 집 가훈이 서로 돕고 살기 거든요."

은소진은 별 관심 없다는 투로 시큰둥하니 말했다. 뭐가 뭔지 잘 모르기는……. 내가 변사 동아리가 뭘 하는 동아리인지 침까지 튀기며 여태 설명했는데 말이다.

"금달진! 우리 학교 학생은 동아리 하나에는 꼭 들어야 해.

일단 변사 동아리에 들어갔다가 나중에 다른 동아리에 자리가 나면 그리로 가."

보형이가 말했다.

어이없다. 변사 동아리는 버스 정류장이 아니다. 버스는 곧바로 가는 노선이 없으면 다른 곳으로 가서 갈아탄다. 하지만 변사 동아리는 그런 곳이 아니다.

"보형이 말이 맞다. 우리 학교 학생은 하나의 동아리에는 꼭 들어야 한단다."

보형이에게 따지려는 순간 선생님이 말했다.

어찌 되었든 눈이 펑펑 쏟아지는 전학 오기 좋은 날, 파리만 날리던 변사 동아리에는 한꺼번에 세 명의 회원이 들어왔다.

갑자기 옐로카드?

어쩌자고 바로 교장실 옆 교실일까. 지난주까지 '변사 동아리'는 따로 교실을 주지 않았었다. 달랑 한 명을 위해 교실을 줄 수 없었던 거 같기도 했다. 조금만 기다리면 교실 하나 비워서 준다는 말만 계속했을 뿐이다. 갑자기 네 명으로 늘어난 탓에 동아리 교실이 생긴 것까지는 좋은데 교장실 옆이라니.

"뭘 해야 해?"

동아리 교실을 쓰윽 훑어본 금달진이 물었다.

"할 게 뭐 있겠어? 그냥 이러고 시간만 때우는 거지."

관이가 의자에 앉아 다리를 꼬며 말했다.

"그래도 뭘 해야 하는 거 아닐까?"

"할 거 없다니까. 내가 오장이와 2년 동안 같은 반이었거든. 그래서 장이에 대해 잘 알고 있는데 장이는 뭐든 끝까지 잘하지 못해. 그러니까 힘들여서 뭘 시작할 필요가 없다는 말이지. 애가 공부도 잘하고 똑똑한 거 같기는 한데 그런 걸 보면 뭔가 부족해."

"뭔가 부족해? 뭐가 부족한데?"

금달진 눈이 반짝 빛났다. 나는 한 마디도 하지 않고 있는데 지들 둘이 아주 신이 나도 제대로 났다. 하도 기가 막혀서 헛웃음이 나올 지경이었다.

"뭐라고 설명해야 하나. 장이는 아이디어도 좋은 아이거든. 3학년 때 진짜 놀라운 아이디어를 낸 적이 있었어. 그룹으로 뭘 만드는 거였는데, 그게 뭔지 잘 모르겠다. 그쪽으로는 별로 관심이 없어서. 아무튼 선생님들도 관심을 갖고 지켜봤는데 나중에 어떻게 된 줄 알아? 그룹 아이들이 중간에 다 그만두었어. 왜인지는 모르지만 뭔가 부족하니까 그런 거 아니겠어? 처음에 변사 동아리에 서로 가입하려고 아이들이 몰렸다고 아까 선생님이 그랬지? 그런데 결국 한 명도 남지 않았다고 했잖아. 딱 그런 스타일이야."

관이의 볼이 말을 할 때마다 불뚝거렸다. 꼬집어 주고 싶을 정도로 얄미웠다.

하지만 관이 말이 다 맞다. 3학년 때 로봇 만들기를 했는데 내 아이디어가 최고였다. 하지만 우리 그룹에 들었던 아이들이 얼마 안 가 다 그만두었다. 나도 일이 왜 그렇게 되었는지 지금도 모르겠다.

"그냥 가만히 있자. 좋잖아? 귀찮게 뭘 하지 않아도 되고. 휴대폰이나 해야겠다."

"하긴 아무것도 하지 않고 있으니까 되게 좋다. 학교에 와서도 휴대폰을 할 시간이 있다는 거는 아주 좋은 일이지."

금달진도 다리를 꼬고 앉아 휴대폰을 만지작거렸다.

그때 교실 앞문이 조심스럽게 열리더니 동글동글한 머리가 쑥 들어왔다. 교장 선생님이었다.

"여기는 무슨 동아리인가? 지난주까지만 해도 교실이 비어 있었는데? 휴대폰 동아리는 아닐 테고."

관이와 금달진이 소스라치게 놀라며 휴대폰을 주머니에 넣었다.

"변사 동아리예요."

"변사 동아리? 변사라……. 내가 아는 그 변사를 말하는 건가? 무성 영화 시절에 목소리 하나로 사람을 웃기고 울렸던 변사."

"아마 그럴걸요."

관이가 시큰둥하니 대답했다.

"그것 참, 재미있는 동아리군. 그런데 왜 아무것도 하지 않고 있지? 가만, 회원이 네 명밖에 없나?"

교장 선생님이 교실을 쓰윽 둘러봤다.

"네 명밖이 아니라 네 명이나 된 거예요. 원래는 한 명이었는데 저희 셋이 어제 전학 왔거든요."

"으흠, 그래? 옐로카드!"

교장 선생님이 주머니를 뒤적이더니 다짜고짜 노란 카드를 꺼내 번쩍 쳐들었다.

나는 당황스럽기도 하고 어이없기도 하고 황당하기도 했다. 뭘 잘못한 것도 없고 반칙도 하지 않았는데 갑자기 옐로카드라니.

"왜 옐로카드를 주었느냐? 동아리 인원이 다섯 명이 안 되

면 동아리 교실을 쓸 수 없거든. 동아리를 만들고 두 달 안에 다섯 명 이상이 되어야 한다. 그렇지 않으면 동아리는 해체 되어야 하지. 어허, 참, 굉장히 멋진 동아리인데 참으로 안타깝군."

"왜요? 왜 다섯 명이 안 되면 없어져야 해요? 우리 네 명이서도 잘할 수 있다고요. 그건 불공평한 거예요."

나는 따졌다.

"불공평? 없애지 않는 게 더 불공평한 거지. 너희들도 한 번 생각해 보렴. 동아리마다 교실 하나 통째로 빌려주지, 동아리 시간에 간식 제공하지, 동아리에서 뭔 일을 한다고 하면 다 지원해 주지. 아, 뮤지컬 동아리 있잖니? 그 동아리에서 뮤지컬 견학을 하고 싶다고 해서 그 비싼 뮤지컬 티켓까지 끊어 주었단다. 그런데 인원이 적으면 뭔가 할 의욕이 없어지는 모양이더라고. 예전에도 인원이 얼마 안 되는 동아리에 가 보면 아무것도 하지 않고 멍하니 시간만 때우고 있더

란 말이지. 아무것도 하지 않는 동아리에 똑같이 지원을 해 주면 그게 공평한 거니? 다음 시간에도 여전히 네 명이면 다시 옐로카드다."

말도 안 된다. 한 달이 넘도록 나 혼자였다가 이제 겨우 세 명이 들어왔다. 그것도 원해서 들어온 게 아니라 다른 동아리에 자리가 없어서 들어왔다. 회원 구하기가 하늘에 별 따기보다 더 힘들다. 그런데 다음 시간까지 한 명을 어떻게 구해 오지?

"왜? 힘들 거 같니?"

교장 선생님이 뒷짐을 지고 물었다.

"네."

"그래? 그렇다면 한 가지 방법이 있지. 내가 변사 동아리에 들어가마."

"네?"

관이와 금달진 그리고 나는 동시에 물었다. 어떻게 세 명이 이렇게 동시에 말을 할 수 있는지 신기할 정도였다.

"내가 이 동아리에 들어오는 거지. 그러면 딱 다섯 명이 되니 동아리를 없애지 않아도 되는 거란다. 어떠니?"

교장 선생님이 다시 한번 말했다.

"교장 선생님이 학생들 동아리에 들어도 되는 건가요?"

"안 된다는 법은 없지."

"하지만 그건 좀 곤란해요."

나는 고개를 저었다. 동아리 시간마다 교장 선생님이 앞에 버티고 앉아 있으면 진짜 곤란한 일이다. 말 한마디 할 때마다 이 말을 해도 되나 하지 말아야 하나, 생각하다 머리가 터질지도 모른다.

"저도 그건 반대예요."

관이가 주머니에 넣은 휴대폰을 만지작거리며 말했다. 교장 선생님이 동아리에 들어오면 휴대폰을 못 하잖아요, 관이의 눈이 이렇게 말하고 있었다.

"정 싫다면 할 수 없지. 아무튼 동아리 회원은 다섯 명 이상이어야 한다. 가만있어 보자. 두 달까지는 딱 19일 남았군. 19일 안에 동아리 인원을 늘려라. 아니면 나를 변사 동아리에 들어가게 해 주든지. 내가 이 동아리에 들어오면 너희한테 도움이 되면 도움이 되었지 설마 나쁜 일이 일어나겠니? 다음 시간에도 네 명이면 옐로카드다. 옐로카드가 셋이면 레드카드, 퇴장인 거 알지? 레드카드 받기 싫으면 나를 받아 주고."

교장 선생님은 허공에서 옐로카드를 서너 번 흔들더니 문을 닫았다.

디데이 20일 전

쿵!

교실 문이 닫히는 바로 그 순간이었다.

햇살이 한순간 사라지더니 교실은 바로 앞도 안 보일 정도로 캄캄해졌다.

덜커덩 덜커덩.

세찬 바람이 불며 창문 흔들리는 소리가 들렸다. 교실도 흔들리기 시작했다. 몸을 가눌 수 없을 정도였다. '지진이라도 일어났나?' 이렇게 생각하고 있을 때였다.

"어…… 어어…… 어어어?"

몸이 공중에 떠올랐다. 바닥에서 떨어지지 않으려고 발버둥 치면 칠수록 고무풍선처럼 높이 높이 떠올랐다. 흐느적흐느적 허공을 몇 번 왔다 갔다 하고 난 다음 쿵! 교실 천장에 몸이 부딪쳤다. 그 충격은 대단했다. 온몸에 힘이 빠지며 정신이 아득해졌다.

흙냄새가 코 안으로 밀고 들어왔다. 떠지지 않는 눈을 힘겹게 떴을 때 촛불이 켜졌다. 내 옆에는 관이와 금달진, 은소진이 있었다. 낯익은 방이었다.

관이가 내 옆구리를 찌르며 방구석을 가리켰다. 누군가 뒤돌아 앉아 있었다. 쪽 찐 머리로 보아 할멈인 것 같았다. 넓은 어깨에 펑퍼짐한 등이었다.

"기회를 주려고 해도 그걸 뻥 차요, 뻥!"

할멈이 획 돌아보며 말했다. '뻥'이라는 말에 유독 힘을 주었다.

"왜 책은 안 보니? 내가 할 일 없어서 책을 준 줄 아냐? 이러다 80일은커녕 20일 만에 모든 게 끝날 것 같아서 내가 할 수 없이 불렀다. 하지만 오늘 이후로 다시 부르는 일은 없을 거다. 이렇게 일일이 하나하나 가르치진 않거든."

할멈이 버럭버럭 화를 내며 소리쳤다.

"한 가지만 물어봐도 되나요?"

"하는 꼬락서니를 보면 질문을 받아 주고 싶지 않지만 내가 꾹 참고 받아 주마. 물어봐라."

"정체가 뭐예요?"

"나? 나로 말할 거 같으면 너희처럼 신고당한 고약한 아이들을 구해 주는 천사라고나 할까. 그냥 두면 너희는 더 깊은 수렁 속으로 빠지고 나중에는 그 수렁 속에서 헤어 나오지 못하거든. 그러기 전에 구해 주려고 안간힘을 쓰는 너무나도 착한 존재지. 그런데 말이다. 그 시간이 마냥 고무줄처럼 늘어나는 게 아니야. 우리 세계에도 규칙이라는 게 있어. 정해진 시간이 있다는 말이다. 초등학교를 6년, 중학교 3년, 고등학교 3년, 인간의 세상에도 규칙이 있듯 말이다. 알아먹었냐?"

"알아먹을 거 같아요. 그래서 우리에게 20일씩 시간을 준 건가요?"

"보기보다 똑똑하군. 제발 부탁이다. 그 시간 안에 문제를 풀어라."

그때였다. 방문이 벌컥 열리더니 촛불이 단번에 꺼졌다. 거센 바람이 방 안을 휩쓸었다. 그러자 다시 몸이 둥둥 떠오르기 시작했다.

"잠깐만요. 한 가지만 더 물어볼게요. 교장 선생님이 할멈이죠? 할멈이 교장 선생님이죠?"

나는 정신을 차리고 안간힘을 쓰며 물었다.

"어디든 착한 사람이 있으면 나쁜 사람도 있는 법. 도와주려는 자가 있으면 훼방하려는 자가 있다는 말이지. 정신 똑바로 차리고 문제를 풀어라."

다시 거센 바람이 불었다. 몸이 바람을 따라 깃발처럼 펄럭였다.

얼마나 시간이 지났을까? 눈을 번쩍 떴을 때는 햇살이 내리쬐는 교실 안이었다. 창문, 교실 앞문, 뒷문, 모두 제자리에 있었고 관이와 금달진, 은소진도 우두커니 앉아 있었다.

"기억나?"

나는 조심스럽게 물었다.

"우리 지금 할멈 보고 온 거 맞지?"

관이도 물었다.

"우리 넷 다 도깨비한테 홀린 건가?"

"천사라잖아?"

"에이, 척 봐도 생긴 게 천사하고는 거리가 멀지."

"그래도 우리를 도와주려고 하는 거는 맞는 거 같아. 거대한 힘을 가지고 있는 것도 확실하고. 너희도 할멈의 힘으로 전학 온 거 같아. 그나저나 할멈 말을 들으니 교장 선생님이

위험한 인물인 거 같지 않니? 우리가 수렁에서 나오는 걸 훼방하는 인물."

"맞아. 나도 그 생각했어. 어쩐지 아이들 동아리에 들어오려고 하는 거부터 좀 이상했어. 우리가 문제 푸는 걸 훼방하려고 자꾸 동아리에 들어오려고 하는 거야. 이제부터 우리가 해야 할 일은 두 가지야."

나는 아랫입술을 질끈 깨물며 말했다.

"문제를 빨리 푸는 것과 교장 선생님을 절대 동아리에 들어오지 못하게 하는 것. 너희는 그 책 어디에 두었어? 할멈이 준 책 말이야."

"그 책을 어디에 두었지? 생각이 전혀 안 나네. 집에 가면 찾아볼게."

관이도 금달진도 은소진도 생각이 나지 않는 모양이었다. 하긴 나도 어디에 두었는지 찾아봐야 한다.

"정신 똑바로 차리지 않으면 앞으로 우리에게 무서운 일이 일어날 수도 있을 거 같아. 빨리 회원 한 명도 구해야 해. 그렇지 않으면 교장 선생님이 들어올 테니까. 목숨 걸고 구해야 해."

'목숨 걸고'라는 말을 하는데 저절로 주먹이 쥐어졌다.

"그런데 궁금한 게 있어. 우리 넷은 누군가 신고해서 할멈에게 갔다고 그랬잖아? 우리가 뭘 잘못한 거지? 나는 아무리 생각해도 잘 모르겠어. 내가 뭘 잘못해서 이런 일을 당하는지. 왜 불안에 떨며 이러고 있어야 하는지."

금달진이 말했다.

'아, 아까 할멈을 만났을 때 물어볼걸.'

나도 열한 살까지 살면서 누가 신고를 할 만큼 크게 잘못한 일이 없다. 게다가 엄마 아빠 속도 썩히지 않는 아주 착한 아들이다. 학교에서도 마찬가지다. 나는 모범생이다.

"우리 모두 일단 집에 가면 책을 찾아보자. 문제가 뭔지 알아야 풀지."

우리는 약속을 하고 헤어졌다.

나는 집으로 돌아와 할멈에게 받았던 책을 찾았다. 책은 책꽂이에 얌전히 꽂혀 있었다.

'뭐야. 글씨가 아직도 제대로 안 보이잖아?'

흐릿한 글씨 때문에 문제를 풀 수가 없었다. 나는 책을 도로 책꽂이에 꽂았다.

나는 관이와 금달진, 은소진에게 책을 찾았느냐고 문자를 보냈다.

세 명에게서 똑같은 문자가 왔다

> **어디에 뒀는지 기억 안 나.**

신입 회원을 찾아라

 "내가 오죽했으면 우리 엄마한테 그런 부탁을 했겠냐? 책은 어디에 뒀는지 찾을 수가 없고. 그러니까 문제를 풀 수도 없잖아. 교장 선생님이 동아리에 들어오는 건 막아야지."
 관이는 한숨을 푹푹 내쉬었다.
 관이는 오늘 아침에 엄마한테 된통 야단을 맞았다고 했다. 그 바람에 아침도 쫄쫄 굶었다고 했다. 관이는 엄마한테 동생 한 명만 입양하자고 했단다. 이왕이면 3학년 정도가 좋다는 말까지 했단다.

"어머, 우리 관이가 생각이 부쩍 자랐구나. 어떻게 그런 생각을 하게 되었어?"

관이 엄마는 관이를 칭찬했다고 한다. 하지만 동생을 입양하려는 이유가 변사 동아리 회원을 늘려야 해서라는 말에 그야말로 난리가 났단다. 하라는 공부는 안 하고 쓸데없는 생각만 한다고 말이다.

"너는 참 한심하다, 한심해. 아주 야단맞지 못해 안달이다. 변사 동아리 얘기는 안 해도 상관없는 얘기잖아? 그냥 동생 한 명만 구해 달라는 말만 하지 그랬어?"

금달진이 혀를 끌끌 찼다.

"엄마를 속이란 말이야?"

"속이라는 말이 아니라 하지 않아도 될 말은 하지 않아도 된다는 거지."

"그렇다고 한심하다는 말까지 해야 해? 그 말은 뭐 굳이 할 필요가 있는 말이니?"

관이와 금달진은 한심하다, 한심하지 않다로 목소리를 높이기 시작했다. 그렇지 않아도 복잡해서 터질 거 같은 머릿속이 더 복잡해졌다.

"상금을 내걸자."

그때 팔짱을 끼고 입을 꾹 다물고 있던 은소진이 말했다.

"상금?"

"우리 변사 동아리에 들어오면 상금을 준다고 하는 거지. 그럼 너도나도 다 들어오려고 줄을 설걸? 세상에 상금 싫다는 사람이 있겠니?"

은소진은 자신만만하게 턱을 치켜들었다.

"그래도 되는 걸까? 선생님들이 뭐라고 하지 않을까?"

학교에는 학생이 지켜야 하는 규칙이 있다. 학생이 마음대로 상금을 내걸고 동아리 회원을 모집한다는 것은 그 규칙에 어긋날 수도 있다. 은소진 생각은 그럴듯하긴 했지만 걱정이 되기도 했다.

"돈은 있고?"

관이가 물었다.

은소진이 가방과 주머니를 뒤져 동전까지 탈탈 털어 책상 위에 꺼내 놨다. 꼬깃꼬깃한 1,000원짜리 두 장과 100원짜리 두 개였다. 금달진도 여기저기 뒤적이더니 500원짜리 두 개와 100원짜리 두 개를 꺼냈다. 나도 어쩔 수 없이 주머니를 뒤져 1,000원짜리 한 장을 책상 위에 올려놨다. 관이는 땡전 한 푼도 없다고 했다. 4,400원은 상금으로 내걸기에는 턱없이 적었다.

"이 정도면 1학년 아이 한 명은 구할 수도 있을 거 같은데? 4,400원이 1학년한테는 큰돈 아닐까?"

금달진이 세상 물정 모르는 소리를 했다. 내 사촌 동생 민이도 1학년인데 나보다 돈이 더 많고 돈 욕심도 더 많다. 돈과 나이는 상관없다. 그리고 더 중요한 것은 1학년은 변사 동아리에서 활동하기 어렵다. 앞니는 다 빠져서 말이 술술

새는 아이들이 무슨 변사를 한다고.

"우리 이거로 떡볶이 사 먹으면서 고민해 보자."

관이가 말했다.

떡볶이 4,400원어치를 시켜 놓고 탁자에 마주 앉았다.

"궁금한 게 있어. 우리 넷이 같이 처음 만났던 붕어빵 수레 있잖아? 거기가 어디야? 우리 넷은 같은 동네에 살았던 것도 아니잖아?"

금달진이 포크를 쪽쪽 빨며 물었다. 듣고 보니 그것도 궁금했다. 하지만 아무리 생각해도 붕어빵 수레가 있던 곳이 떠오르지 않았다. 주변에 건물이나 간판 같은 것을 본 기억도 없었다. 각각 다른 동네에 살고 있던 네 명이 어떻게 하다 같은 붕어빵 수레에 모였는지는 알 수가 없었다.

"분명한 거는 붕어빵 아저씨와 할멈이 서로 아는 사이라는 거야."

내 말에 모두들 고개를 끄덕였다.

떡볶이 4,400원어치를 다 먹을 때까지 어떻게 하면 변사 동아리에 한 명을 더 구할 수 있을지 생각해 봤지만 방법이 떠오르지 않았다.

"책도 빨리 찾아야 하는데."

관이가 걱정했다.

"나는 책을 찾긴 찾았는데 글씨가 아직도 흐릿해. 그런데도 할멈은 자꾸 문제를 풀라고 하고. 도대체 글씨가 보이지도 않아서 문제가 뭔지도 모르겠는데, 어떻게 문제를 풀라는 거야."

나는 마지막 남은 파를 입에 넣으며 말했다.

"아!"

그때 강한 빛줄기가 머릿속을 스치고 지나갔다.

"한 명이 문제를 풀려고 아등바등해도 소용없다고 그랬었지. 그리고 네 명이지만 이미 한 몸이라고 그랬잖아? 그 말은 네 명이 책을 다 찾아야 글씨가 보이고 문제를 풀 수 있다는 말 아닐까?"

"오호."

관이가 내 말에 감탄했다.

"맞다, 바로 그거야."

금달진과 은소진이 말했다.

관이와 금달진, 은소진은 두 손으로 머리를 감싸고 책의 행방을 기억해 내려고 애썼다. 하지만 도무지 기억이 나지 않는 모양이었다. 관이는 '책!' 하고 중얼거리면 머릿속이 캄캄해진다고 했다.

"다른 방법은 없어. 책을 열심히 찾아보면서 회원을 한 명 구하자. 정신 똑바로 차리고."

"아무리 생각해도 상금을 내거는 게 최고인데."

은소진이 하나 마나 한 말을 했다. 이미 있는 돈도 다 떡볶이로 변신시켜서 배 속에 들어갔다. 우리 넷에게는 땡전 한 푼도 없다.

우리는 좋은 생각이 떠오르면 서로 문자를 하기로 하고 헤어졌다.

집으로 돌아왔을 때 엄마는 감자 크로켓을 하고 있었다. 고소한 냄새에 침이 절로 났다.

"장이 네가 이번에 독서 토론에서 잘했다고 엄마들 사이에서 칭찬이 자자해. 엄마가 아주 기분이 좋았어. 그래서 네가 좋아하는 감자 크로켓 만들었지. 먹어 보렴."

엄마가 크로켓을 반으로 잘라 호호 불어서 내 입에 넣어 주었다. 눈물이 날 만큼 맛있었다.

"어때, 맛있지?"

"네."

"많이 먹어."

"네."

나는 허겁지겁 감자 크로켓 다섯 개를 단숨에 먹어치웠다. 떡볶이 4,400원어치를 넷이서 나눠 먹는 바람에 간에

기별도 안 갔는데…….

엄마는 흐뭇한 표정으로 나를 지켜봤다.

"아휴, 그런데 크로켓 튀기다가 손을 데었지 뭐니."

엄마가 손등을 보여 주었다. 물집이 생기고 그 주변은 벌겠다. 딱 봐도 아프고 쓰라리게 생겼다.

"네."

"그게 다야? 더 할 말 없어? 이렇게 물집 잡힌 거 보고도? 괜찮을 거 같니?"

"아플 거 같아요. 물집 터지면 훨씬 더 아플걸요. 약국에 가 보세요."

"그래, 데었으면 약국에 가야지 내가 너한테 뭘 바라고 이러는지 모르겠다. 들어가서 공부해. 휴우."

엄마가 왜 한숨을 쉬는지 알 수가 없었다. 공연히 엄마 눈치가 보여 방으로 들어왔다. 차라리 콕 꼬집어서 무슨 말을 하라고 알려 주면 좋을 텐데.

어떻게 하면 회원 한 명을 구할 수 있을까? 이 생각, 저 생각으로 다시 머릿속이 복잡해졌다.

"실력이야, 실력으로 하면 돼."

아무리 생각해도 그게 최고다. 세상에 실력보다 더 좋은 거는 없다. 실력은 힘이 세다. 기름에 튀긴 크로켓를 먹어서 그런지 머리가 기름을 바른 것처럼 잘 돌아갔다.

드디어 탈출?

 연극은 재미없었다. 일부러 재미없는 척, 하품을 하려고 한 건 아닌데 하품이 저절로 나왔다.
 "으아아아함."
 입을 한껏 벌리고 하품을 했다. 연극 동아리 회장이 힐끗 쳐다봤다.
 "이런 실력으로 무슨 대회에 나가? 학교 망신이지."
 나는 손으로 입을 두드리며 하품을 털어냈다.
 "빙고. 학교 망신당하는 건 시간문제야. 슬픈 장면이면 보

는 사람이 눈물이 나야 하는데 나는 웃겨 죽는 줄 알았어. 우리 집 도레미가 이무기 역을 해도 이거보다는 잘하겠다."

관이가 강력 펀치를 날렸다.

"도레미가 누구야?"

나는 도레미가 관이네 강아지라는 걸 알면서도 일부러 큰 목소리로 물었다.

"우리 집 강아지. 이제 한 살인데 되게 똑똑한 편이야. 앉아, 엎드려, 기다려! 이런 말 기막히게 잘 알아듣거든. 아마 연극도 잘할 수 있을걸."

관이 말에 연극 동아리 회장 얼굴이 잔뜩 구겨졌다.

"내가 봐도 본선에 못 들어가겠네."

금달진이 말했다.

"본선? 예선에서 망신만 안 당해도 다행일 거 같은데 무슨 본선을 꿈꿔?"

은소진이 입을 가리고 큭큭 웃었다. 모두 자기의 역할을 잘하고 있었다. 연극 동아리 회장의 속을 홀딱 뒤집어 놓는 게 오늘 우리가 할 일이다. 속을 뒤집는 말도 열심히 연습했다. 그런데 이렇게 못 할 줄 알았다면 힘들게 연습하지 않아도 될 뻔했다.

"너희는 그만 가 보시지. 연습하는 데 방해돼."

연극 동아리 회장이 화를 냈다.

"그렇지 않아도 이제 가려고 했거든. 더 구경해 봤자 시간만 아까운 거 같아서. 그런데 구경하다 연극을 좀 더 재미있게 하는 방법이 문득 생각났는데……."

나는 엉덩이를 털고 일어나며 슬쩍 연극 동아리 회장 눈치를 봤다. 아니나 다를까, 연극 동아리 회장의 눈이 순간 반짝 빛났다.

"내가 아이디어는 끝내준다는 거 전교생이 다 알 텐데. 알려 줘?"

내 말에 연극 동아리 회장의 표정이 흔들렸다. 하지만 냉큼 알려 달라는 말은 하지 않았다. 나도 이해한다. 그러면 동아리 회장의 체면이 구겨진다고 생각할 테니까.

"뭐, 싫으면 관두고. 진짜 기막힌 아이디어인데. 내 아이디어대로 하면 대회에서 우승할 수 있을 텐데. 싫다는데 어쩌겠어. 얘들아, 가자."

나는 관이 어깨에 손을 척하니 올렸다.

"누가 싫대."

연극 동아리 회장이 내 손목을 잡았다.

"어떤 아이디어야?"

"그럼 잠깐 보여 줄까? 그럼 조금 전 이무기가 울고 있는 장면 다시 연기해 보라고 해. 대사는 소리 나지 않게 혼잣말로 하고."

"혼잣말? 연극인데 혼잣말을 하면 어떻게 해?"

연극 동아리 회장은 미심쩍은 표정을 지었다.

"하기 싫은가 봐, 우리 그냥 가자. 망신당하거나 말거나 우리가 무슨 상관이야."

"누가 싫대?"

연극 동아리 회장은 인상을 쓴 채 아이들에게 가더니 무슨 말인지 한참 동안 말했다.

"장이 네 계획대로 잘될 거 같아. 하여튼 장이 머리 좋은 거는 알아줘야 해. 끝까지 잘될지는 아직 모르지만. 장이는 꼭 끝에서 문제가 생기거든."

관이가 킥킥거렸다. 칭찬을 하려면 칭찬만 하면 좋을 텐데 이렇게 들으면 칭찬 같고 저렇게 들으면 아닌 거 같기도 했다.

"자, 주인공 이무기가 천 번째의 도전에서도 용이 되지 못하고 우는 장면을 다시 할 거야."

연극 동아리 회장이 말했다.

이무기가 울면서 넋두리하는 장면이 시작되었다. 대사를 혼잣말로 하니까 아까보다 더 재미없었다. 나는 연극 동아리 회장을 향해 눈을 찡긋해 보였다. 잘 봐, 지금부터 기적이 일어날 거야, 이런 뜻이다. 나는 무대 옆으로 갔다.

"아~ 나는 어쩌다 천 번째 도전에서도 실패를 하게 되었을까? 나는 용이 되어 하고 싶은 일이 많았던 것이었다. 비가 내려야 할 곳에 비를 내려 주는 착한 일을 하는 용이 되고 싶었던 것이었다. 아, 뜻을 이루지 못하니 슬프고도, 슬프도다. 으으으흑흑흑."

나는 있는 대로 감정을 잡았다. 눈물을 흘리는 장면에서는 진짜 우는 것보다 더 슬프게 울음소리를 냈다. 내가 세상에 태어나 이렇게 열심히 뭔가를 하는 것은 손에 꼽을 정도였다. 제발, 제발, 동아리 회원 한 명을 구해야 하니까.

"와!"

짝짝짝!

관이와 금달진, 은소진이 박수를 치며 함성을 질렀다.

"어때?"

나는 연극 동아리 회장에게 물었다.

"뭐…… 그런 대로……."

놀란 표정이 얼굴 가득한데, 연극 동아리 회장은 딴청을 피웠다. 뭐 그것도 이해한다. 체면상 단번에 아이고 좋다, 최고다, 이럴 수는 없겠지.

"연극에 변사가 들어가면 좋을 거 같지 않아? 싫으면 말고."

"너는 내가 아무 말도 안 했는데 왜 자꾸 '싫으면 말고'라는 말을 하니? 좋아. 오장이 너 우리 연극 동아리에 들어와라. 자리는 없지만 내가 특별히 장이 너는 받아 줄게."

연극 동아리 회장이 큰 결심을 한 듯 말했다.

"에이, 나는 변사 동아리 회장인데 연극 동아리에 왜 들어가? 그렇게는 못 하지. 대신 연극 동아리 회원 중에 한 명을 변사 동아리로 보내 줘. 그럼 내가 연습 많이 시켜 줄게. 20

일 정도? 아니다. 20일까지 채우지 않아도 돼."

교장 선생님이 말한 19일에서 이미 며칠이 지나 있었다.

연극 동아리 회장은 연극 동아리 아이들과 회의를 했다. 회의 결과 우리 반 보형이가 오게 되었다. 보형이는 싫다고 했지만 나와 같은 반이라는 이유로 연극 동아리 회장이 적극 추천했다.

사실 처음에 보형이는 변사 동아리에 들어오고 싶어 했다. 오디션을 보고 나서 변사 동아리에 들어와도 좋다고 했었다. 하지만 보형이는 결국 변사 동아리에 들어오지 않았다. 보형이 마음이 왜 변했는지 그 이유는 지금도 모른다.

"첫 대회야. 연극으로도 첫 대회지만 우리 학교에서도 새 학년이 되고 나서 학교 밖에서 열리는 대회에 처음 나가는 거라고. 잘 배워 와야 해."

연극 동아리 회장은 보형이에게 몇 번이나 다짐을 주었다.

"나 진짜 가기 싫거든."

보형이는 질질 끌려오다시피 변사 동아리에 왔다.

동아리 시간에 나는 보형이를 데리고 교장실로 갔다.

"교장 선생님, 이제 다섯 명이에요."

나는 손가락 다섯 개를 쫙 펴보였다. 교장 선생님은 놀라는 표정을 감추지 못했다.

"옐로카드는 없는 거지요? 그럼 안녕히 계세요."

나는 허리 굽혀 인사하고 교장실 문을 닫았다.

"옐로카드? 뭔 말이야?"

보형이가 물었다.

"그것까지는 알 필요 없고. 나는 진짜로 연극 동아리를 돕고 싶어서 이러는 거야. 서로서로 좋은 거지."

이 말은 사실이기도 하다.

"보형이 너 진짜 연기 못하더라."

동아리 교실로 들어오자마자 금달진이 말했다.

"야, 금달진. 너는 하고 싶은 말을 아무 생각 없이 하고 보는 게 문제야. 보형이한테 뭐라고 하지 마. 솔직히 주인공 이 무기가 더 문제더라."

관이가 혀를 끌끌 찼다. 자기편을 들어 주는 거 같은지 보형이 얼굴이 약간 환해졌다.

"구렁이야 없어지면 그만이지만 주인공은 없앨 수 없잖아."

역시 관이 말은 끝까지 들어 봐야 한다.

"동아리 시간에는 입을 딱 다물고 있어. 공연히 보형이 기분 나쁘게 만들지 말란 말이야. 너희, 그 갑갑한 방 안에서 계속 살고 싶어? 수렁에 푹 빠져서 나오고 싶지 않아서 그래? 사실 우리는 수렁의 정체가 뭔지도 몰라. 어떤 수렁인지도 모르고 있다는 말이야. 우리가 상상하는 것보다 더 끔찍한 수렁일 수도 있어."

"무슨 그런 말을……."

"그러니까 입 딱 다물고 있으라고. 너희 셋은 말 한마디로 다른 사람의 기분을 나쁘게 만드는 굉장한 재주가 있어."

또다시 찾아온 위기

"네 목소리 왜 그래? 저번 오디션 볼 때는 안 그랬던 거 같은데."

두 달 만에 변성기가 온 건가? 보형이 목소리에서 쇠 긁는 소리도 들리고 걸걸거리는 가래 끓는 소리도 들렸다. 소리를 크게 하라고 하면 목소리가 찢어질 듯 갈라졌다.

"그럼 나 그만둘게. 다른 애 보내라고 할게."

보형이는 옳다 싶은지 이렇게 말했다.

"아니, 아니야. 누가 그러래?"

나는 부글부글 끓는 속을 꾹꾹 눌렀다. 보형이가 가고 나서 다른 아이가 안 오면 곤란하다.

"장이야, 나 꼭 하고 싶은 말이 있는데……."

그때 관이가 끼어들었다. 안 된다고 말하려는 찰나 관이는 내 대답을 기다리지 않고 보형이 앞으로 다가섰다.

"내가 볼 때 너는 변사에 재능이 있어. 최고야, 최고. 장이보다 훨씬 낫다."

"진짜?"

보형이의 입이 헤벌쭉 벌어졌다.

"그럼, 진짜지. 그런데…… 아얏."

관이가 한마디 더 하려는 순간 나는 관이 발을 힘껏 밟았다. 뒷말은 안 들어 봐도 뻔하다. 안 하는 게 나은 말일 거다. 나는 관이에게 입을 다물라는 눈짓을 했다.

"그럼 열심히 한번 해 볼게."

보형이는 관이 말을 철썩같이 믿는 눈치였다.

"아아, 나의 친구 이무기는 이제 어찌해야 할 것인가?"

"여기에서 '아아' 이 부분은 되게 안타까운 마음이 들게 해야 해. 그렇게 무덤덤하게 말하면 친구를 향한 안타까운 마음이 안 나타나잖아. 너도 생각해 봐. 엄청 친한 친구인 이무기가 용이 되기 위해 천 번이나 도전했는데 실패했어. 그리고 영영 용이 될 수 없다고. 그냥 개천에 처박혀서 이무기로 살아가야 해. 얼마나 불쌍하고 안타깝니? 막 울고 싶지 않겠어? 자, 안타까운 마음! 알았지?"

"안타까운 마음! 알았어. 걱정하지 마."

보형이는 고개를 끄덕였다. 진짜 자신이 최고라고 생각하는 모양이었다. 순진하고 단순한 보형이!

"아아!"

보형이가 턱을 치켜들고 아아! 하는 순간이었다. 나는 '당장 그만둬!' 이렇게 소리칠 뻔했다. 충치를 뽑으러 치과에 간 것도 아니고 턱이 빠지도록 입을 벌리고 아아! 라니. 훤히 드러나는 보형의 목젖이 달달달 떨리고 있었다.

하지만 목소리는 멀쩡하고 목젖만 떨렸다. 꼭 노래를 부르는 거 같았다. 금달진이 주먹으로 입을 틀어막고 큭큭 웃기 시작했다. 참으려고 용쓰는 바람에 웃음소리는 해괴망측해졌다. 캬악캬악, 관이 웃음소리가 화내는 원숭이 소리 같았다. 그러자 은소진도 눈물까지 흘리며 웃었다. 보형이 얼굴이 시뻘게졌다.

"그냥 대충해. 우리 동아리에서 시간만 때우게 해. 속 썩지 말고. 그리고 자꾸 힘들게 연습시키다가 보형이가 그만둔다고 하면 어떻게 해?"

금달진이 내 귀에 대고 속삭였다.

나도 그러고 싶다. 하지만 교장 선생님이 언제 어느 때 들어와 '왜 아무것도 안 하고 있지, 진짜 이 아이가 동아리 회원 맞나?' 이러고 물어볼 수 있다. 또 연극 동아리 회장도 가만있지 않을 거다.

"내가 잘못한 거 맞아. 내가 아직 변사에 대해 잘 몰라서 그럴 거야. 다시 해 볼까?"

웃어서 미안하다고 말해야 하나, 그만둔다고 하면 뭐라고 달랠까, 고민하고 있는데 보형이가 물었다.

"으응? 응, 다시 해 봐."

가르치는 대로 잘 따라오지 못하는 보형이지만 한 가지 장점은 있었다. 내가 미안할 정도로, 눈물이 날 정도로 최선을 다했다. 보형이는 땀까지 뻘뻘 흘렸다. 하지만 계속 다시 해도 마찬가지였다.

"휴우."

나는 땅이 꺼지게 한숨을 쉬었다.

"처음이니까 못 하는 거야. 노력할게, 걱정하지 마."

보형이가 말했다.

똑같은 걸 120번쯤 반복했을 때 눈앞에서 별이 후드득 떨어졌다. 배가 고파서 입이 떨어지지 않았다. 허리도 휘청거

려서 서 있을 수조차 없었다. 누군가를 가르치는 게 이렇게 힘든 일인 줄 몰랐다.

"다시 해 볼게, 계속 연습하면 될 거야. 걱정하지 마."

보형이는 지치지 않았다.

"장이가 입 다물고 있으라고 해서 아무 말 안 하고 가만히 있으려고 했는데 한마디만 할게. 진짜 못한다. 연습한다고 다 되는 건 아닌 거 같아."

금달진이 말했다.

"나도 장이가 입 다물고 있으라고 해서 그러려고 했는데 저렇게 답답한 애는 처음 봐. 둘 다 그만두는 게 어떻겠니?"

은소진도 말했다.

보형이 얼굴이 벌게졌다.

"노력한다잖아. 노력은 성공의 어머니라는 말도 있어."

관이가 진지한 표정으로 보형이 편을 들었다.

"맞아. 노력은 성공의 어머니."

관이 말을 따라 하는 보형이 얼굴이 환해졌다.

"하지만 노력해도 안 되는 경우도 있긴 하지. 보형이 네 경우가 그런 거 같아."

관이는 침을 한 번 꿀꺽 삼키고 난 다음, 한마디 더 했다. 보형이 얼굴이 도로 어두워졌다.

"어떻게 해?"

보형이가 나에게 물었다.

"내가 할 수 있을까?"

보형이는 금방이라도 울 거 같았다. 솔직히 그건 나도 모른다. 해 봐야 안다. 하지만 노력하는 것만 봐서는 할 수 있을 거 같았다.

"내가 할 수 있을까?"

보형이가 다시 물었다.

"결과는 아무도 몰라."

내 말에 보형이 눈이 촉촉하게 젖어 들었다. 그 모습을 보자 갑자기 코끝이 시큰해지며 보형이가 불쌍하다는 생각이 들었다. 솔직히 말하면 관이나 금달진, 은소진도 보형이보다 잘하지는 않을 거다. 시켜 보지는 않았지만 뻔하다. 거기에다 보형이는 하려고 하는 마음이라도 있지. 처음 변사 동아리에 온 날 관이와 금달진, 은소진은 자유 동아리니 뭐니 하면서 휴대폰만 하고 있었다.

"나 때문에 힘들지?"

보형이가 물었다. 힘들기야 힘들지만 힘들다고 말할 수는 없었다. 나는 보형이 말에 아무 대답도 하지 않았다.

보형이는 잠시 내 얼굴을 빤히 바라봤다. 보형이 눈에서 기어이 눈물이 주르륵 흘렀다. 당황스러웠다. 그렇다고 울기까지야.

"진짜 끝까지 못하면 어쩌나 걱정돼. 연극 동아리 회장 형은 나에게 기대를 걸고 있는데."

보형이가 힘없이 말했다.

"차라리 연극 동아리 회장 오빠한테 배우라고 해. 그게 훨씬 낫겠다."

금달진이 말했다.

"맞아. 연극 동아리 회장이니까 연기도 잘할 거고 연기를 잘하는 사람이 변사도 잘할 거야. 연극 동아리 회장이 배우는 거에 나도 찬성."

은소진이 금달진 말에 맞장구쳤다.

"너희는 제발 가만히 좀 있어."

나는 금달진과 은소진에게 눈을 흘겼다.

"다시 해 봐."

나는 보형이에게 말했다.

"진짜 잘할 수 있을까?"

"그걸 내가 어떻게 알아? 해 봐야 알지."

질문과 대답이 꼭 돌림 노래 같았다. 아무리 참으려고 해도 목소리가 까칠해지고 한숨도 나왔다.

"나는 그만할래. 안 하는 게 낫겠어. 공연히 장이 너만 힘들어."

보형이가 돌아섰다. 나는 교실 문을 열고 나가려는 보형이 팔목을 잡았다.

"관이와 금달진, 은소진이 하는 말은 못 들은 체해. 어차피 쟤네들이 가르쳐 주는 것도 아니잖아. 쟤들은 원래 말하는 게 저래. 내가 가르치는 건데 뭔 상관이야?"

"무슨 말이야? 나는 장이 너 때문에 그만둔다는 거야."

보형이가 울먹였다.

"장이 너는 저번이랑 똑같아."

보형이는 내 손을 뿌리치고 교실에서 나갔다. 나 때문이라니. 내가 뭘 어쨌다고. 나는 보형이가 뿌리치고 간 내 손을 바라봤다.

"한 명은 어디 갔나?"

그때 교장 선생님이 들어왔다. 마침 동아리 시간을 마치는 종이 울렸다.

"어딜 갔겠어요? 동아리 시간이 끝났으니까 교실로 간 거지요."

나는 배를 내밀고 큰소리쳤다.

내가 뭔 잘못이람?

"보형이가 그만뒀으니 이제 어떻게 하냐? 어디 가서 한 명을 구해 오지?"

사람 한 명 구하는 게 이렇게 어려운지 예전엔 미처 몰랐었다. 거기에다 문제도 풀어야 한다.

"책은 찾고 있는 거야? 내 책은 아직 글씨가 흐릿해. 책 찾으려고 노력은 하는 거야?"

여길 쳐다봐도 답답하고 저길 쳐다봐도 답답했다. 마음대로 되는 게 하나도 없다.

"매일 찾고 있는데도 도무지 생각이 안 나. 그나저나 맛있겠다. 떡볶이 먹으면서 이 상황을 어떻게 헤쳐 나가야 할지 회의하면 참 좋을 텐데……. 그러니까 보형이 말고 다른 아이를 동아리로 데리고 오는 방법이라든가, 책을 어디다 두었는지 잘 생각나지 않는 기억을 찾는 방법이라든가, 돈 있는 사람?"

떡볶이집 앞을 지나갈 때 관이가 물었다. 은소진이 주머니를 뒤집어 보였다. 먼지만 탈탈 날렸다. 금달진 주머니에서는 500원짜리 하나가 나왔다. 관이는 300원을 보탤 수 있다고 했다. 나와 관이, 금달진, 은소진은 떡볶이 800원어치를 샀다. 떡이 4개, 어묵이 한 개였다.

"아줌마, 어묵 똑같이 네 개로 나눠 주세요."

떡볶이 800원어치를 먹으면서 얘기해 봐도 좋은 생각은 나지 않았다.

"그런데 궁금한 게 있어. 보형이가 나 때문에 변사 동아리를 그만둔다고 그랬잖아? 나는 도무지 보형이 말이 이해가 안 돼. 내가 너희처럼 웃은 것도 아니고 못한다고 뭐라고 한 것도 아닌데 왜 나 때문에 그만둬?"

"그러게. 나도 그 말이 무슨 말인지 잘 모르겠더라. 그런데 진짜 돈 더 없니? 아, 더 먹고 싶은데."

은소진이 포크로 빈 접시를 박박 긁었다.

"너희 정말 친한 사이 같아. 얼마 안 되는 걸 사이좋게 나눠 먹는 걸 보면 말이다. 옛다, 서비스."

분식집 아줌마가 떡볶이 네 개를 접시에 담아 주었다.

"어디 가서 한 명을 구하지?"

다 먹고 나니 또 걱정이 되었다.

"우리 넷 다 내일 결석할까?"

금달진이 말했다.

"그거 참 좋은 생각이다."

관이가 금달진이 한 말을 덥석 물었다. 하여간 생각하는 거 하고는. 한 반에서 네 명이 그것도 같은 동아리로 매일 붙어 다니는 아이들 넷이 한꺼번에 결석을 하면 선생님이 어떻게 생각할까? 우리한테 무슨 큰 문제가 생겼을 거라고 추측할 거다. 그러면 엄마 아빠를 다 불러 모을 수도 있다. 지금 문제도 복잡한데 다른 일까지 생길 수 있다. 나는 결석을 하면 안 되는 이유를 설명했다.

"역시 장이는 머리가 좋아. 우리는 생각하지도 못 하는 거를 생각하는 걸 보면 말이야."

관이가 말했다.

"진짜 필요한 걸 생각하지 못하고 있지만."

한마디 더 붙일 줄 알았다.

"에이그, 휴우."

갑자기 한숨이 쏟아져 나왔다.

"아이고야, 땅 꺼지겠다. 뭔 걱정이라도 있니?"

떡볶이집 아줌마가 물었다.

"걱정이 있으면 말해 보렴. 이래 봬도 내가 우리 분식집 단골들의 고민 해결사거든. 우리 집 단골들은 내 얼굴만 봐도 마음이 따뜻해져서 고민거리를 저절로 말하게 된다는데, 너희는 아니니?"

"네, 좋으신 분 같아요."

사실이다. 솔직히 말해서 네 명이서 800원어치를 시키는데 환하게 웃으면서 주는 떡볶이집은 이 집밖에 없을 거다. 거기에다 800원어치 먹는데 서비스까지 주는 아줌마는 세상 어디에서도 찾아볼 수 없을 거다.

"말해 보자. 아이 한 명을 구하는 좋은 생각이 있을 수도 있잖아. 이 분식집에 자주 오는 아이를 소개시켜 줄 수도 있고."

관이가 말했다.

"할멈이니 문제니 책이니 이런 말은 빼고."

금달진이 속삭였다.

"사실은 저희 넷이 같은 동아리거든요. 그런데 우리 학교 동아리는 다섯 명이 안 되면 없애 버린다고 해요. 며칠 안으로 다섯 명이 되지 않으면 우리 동아리는 없어지거나 교장 선생님을 동아리 회원으로 받아야 해요. 우리 동아리에 들어올 아이 한 명 없을까요?"

"아이고, 아무리 좋은 선생님이라도 같이 동아리 활동을 하려면 곤란한 일이 많을 텐데. 그것도 그냥 선생님도 아닌 교장 선생님이라니, 쯧쯧. 원래 그렇잖니. 어른이 옆에 있으면 든든하기도 하지만 불편한 점이 많아. 말도 얌전한 말만 골라서 해야 하고. 한 명만 더 구하면 되는 거야? 우리 아들도 이 학교 다니는데, 너희 동아리에 들어가라고 말해 줄까?"

세상에 이런 일이! 나는 나도 모르게 떡볶이 아줌마 손을 덥석 잡았다. 너무 고마워서 눈물이 다 나오려고 했다.

"그렇게 해 주시면 고맙지요. 아줌마 아들한테 아주아주 잘해 줄 수 있어요."

"어려울 때는 서로 도와야지. 그런데 무슨 동아리니?"

"변사 동아리요."

"어머!"

떡볶이 아줌마 눈이 동그래졌다.

"우리 아들이 그 동아리에 들려고 했다가 그만뒀거든. 변사에 관심이 있어. 참 잘됐다."

엉킨 실이 한꺼번에 술술 풀리는 기분이었다. 나와 관이는 손바닥을 마주치며 팔짝팔짝 뛰었다. 금달진과 은소진은 부둥켜안고 기쁨을 나눴다.

그때였다. 떡볶이집 문이 드르륵 열리며 아이 한 명이 들어왔다. 유난히 긴 얼굴, 곱슬거리는 갈색머리, 떴는지 감았는지 헷갈리는 작은 눈, 어디서 본 듯한 얼굴이었다.

"창수야. 그렇지 않아도 오라고 전화하려고 했는데 잘 왔다. 내일 당장 이 형들 동아리에 들어라. 저번에 네가 들려고 했던 변사 동아리란다. 너, 텔레비전에서 변사 나오는 거 보고 홀딱 반해서 변사가 되고 싶다고 그랬잖니?"

"이 형이 안 된다고 그랬는데?"

창수라는 아이가 나를 아래위로 훑어봤다. 목소리를 들으니까 이 아이를 봤던 게 생각났다. 변사 동아리 회원을 모집하고 있을 때 동아리에 가입하고 싶다고 찾아왔었다.

"왜?"

떡볶이 아줌마가 놀라서 물었다.

"1학년이라고 안 된다고 그랬어."

"지금은 1학년도 괜찮아. 대환영이야."

관이가 나섰다. 관이가 무슨 말인가 한 마디 더 하려는 순간 나는 관이 발을 밟았다.

"1학년도 받아 줄게. 너는 떡볶이집 아줌마 아들이니까 특별히."

나는 애써 태연한 척 말했다. 손이라도 잡고 제발 들어와 달라고 애원하고 싶지만 그러면 폼이 안 난다.

"형이 나한테 우유 더 먹고 커서 오라고 그랬어. 나도 이제 초등학생인데 우유를 더 먹고 오라니, 자존심 상했어."

창수가 턱을 치켜들고 말했다.

"지금은 그때보다 두 달 정도 지났잖아? 그동안 너도 많이 컸으니까 받아 주는 거야. 그러니까 들어와."

단호한 창수 모습에 나는 당황해서 사정했다.

"왜 나이로 사람을 평가하려고 해? 그게 자존심 상해."

무슨 1학년 애가 말도 저렇게 잘한담?

"지금은 1학년도 받는다니까. 받으니까 걱정 말고 들어와. 너 변사에 관심 있다면서?"

나는 두 손을 모아 쥐었다. 창수는 잠시 나를 빤히 보며 무슨 생각을 하는 듯했다. 하도 쳐다봐서 얼굴이 따끔거릴 정도였다.

"그거밖에 할 말 없어? 그전에 나한테 할 말 없느냐고?"

한참 후에 창수가 물었다.

"응? 으응. 무슨 말?"

"나, 자존심 상했었다고. 나한테 다른 할 말 없느냐고?"

애가 우리 엄마를 닮아가나, 왜 할 말 없느냐고 묻는담. 나는 고개를 세차게 저었다.

"그럴 줄 알았어. 나는 변사 동아리에는 안 들어가. 차라리 변사 학원이 있으면 거길 다닐 거야."

창수는 야무지게 고개를 저었다.

"너 잘 생각해 봐. 창수한테 뭐 잘못한 거 없어? 아무래도 큰 잘못을 한 거 같은데. 창수가 자존심 상했다잖아?"

분식집에서 나오며 관이가 말했다.

"책이나 찾아, 제발."

아무래도 회원 구하는 것보다 문제 푸는 게 백배는 더 쉬울 거 같았다. 다들 왜 이런담.

나한테 할 말 없어?

"옐로카드!"

교장 선생님이 노란색 카드를 높이 쳐들고 흔들어댔다. 교장 선생님의 입은 웃음을 참지 못해 씰룩거리고 있었다.

"옐로카드가 세 장이면 레드카드인 거 알지? 저번 거랑 오늘 거랑 두 번이다."

"교장 선생님, 진짜 궁금해서 그러는데 교장 선생님 정체가 뭐예요. 할…… 아!"

은소진이 말하는 순간 나는 은소진의 옆구리를 꼬집었다.

애가 생각 없이 말하는 데는 탁월한 재주가 있다. 그 질문을 하면 교장 선생님이 '오냐, 내 정체를 말해 주지' 이렇게 말할까? 어림도 없지. 자신의 정체가 탄로 날 수도 있다는 불안함에 더 큰일을 저지를 수도 있다. 예를 들면 동아리 시간을 일주일 한 번에서 두 번으로 늘린다거나, 옐로카드를 하루에 두 장을 준다거나.

"내 정체? 내 정체는 말이다…….."

교장 선생님의 표정이 더 진지해졌다. 나도 모르게 침이 꼴깍 넘어갔다.

"교장 선생님이다."

교장 선생님은 문을 쾅 닫고 가 버렸다.

"장이 너한테 분명 무슨 문제가 있긴 한데 그게 뭔지 생각 좀 해 봐."

관이가 한숨을 쉬었다.

나도 어젯밤 잠도 못 자고 그 생각을 했다. 보형이나 창수는 나 때문에 변사 동아리에 들어오기 싫다고 했다. 하지만 아무리 생각해 봐도 나는 아무런 문제가 없다. 다시 한번 말하지만 나는 모범생이다. 공부도 잘하고 선생님 말씀도 잘 듣는 편이다. 한 번도 학교에서 문제를 일으킨 적이 없다.

"생각해 봐도 모르겠어. 없는 거 같아."

"내가 말했잖아. 너는 콕 집어 말할 수는 없지만 뭔가 약간 부족하다고. 그 부족한 게 문제일 수도 있어. 그게 뭔지 알아내면 될 텐데."

"너는 자꾸 나보고 부족하다, 부족하다 그러는데 그 말 기분 나빠. 부족하다고 하니까 바보로 듣는 경우도 있잖아."

"왜 화를 내? 내가 없는 말한 것도 아닌데."

관이가 황당해 했다.

"내가 너한테 바보라고 하면 너는 좋겠니, 응? 바보야, 이러면 좋겠느냐고?"

"내가 언제 너보고 바보라고 했어?"

관이가 주먹으로 책상을 내리쳤다. 억울해 죽겠다는 얼굴이었다.

"싸우지 마."

금달진이 나와 관이 사이로 끼어들었다.

"진짜로 참으려고 했어. 몸은 네 개지만 우리는 이미 한 몸이나 마찬가지라고 해서 참으려고 했는데 도저히 못 참겠어. 나도 변사 동아리 안 해."

관이가 자리를 박차고 일어나 나가 버렸다.

"관두고 싶으면 관둬라. 누가 무서울 줄 알아?"

큰소리쳤지만 가슴은 덜컥 내려앉았다.

"야, 우리가 힘을 합해도 교장 선생님을 이길까 말까인데 이러고 싸우면 되니?"

금달진이 말하는 순간이었다. 문이 벌컥 열리며 교장 선생님이 들어왔다.

"어라? 왜 세 명이니? 한 명은 어디 갔어?"

교장 선생님은 교실을 휘둘러보다 갑자기 뒤로 돌아섰다. 그러더니 킥킥거리고 웃었다. 교장 선생님 어깨가 마구 흔들렸다. 잠깐 동안 어깨를 흔들며 웃던 교장 선생님은 손으로 입가를 쓱 훔친 다음 돌아섰다. 웃음기를 훔친 탓인지 진지한 표정으로 변해 있었다.

"그럼 수고!"

교장 선생님은 손을 흔들며 동아리 교실에서 나갔다.

교실로 돌아와 금달진과 은소진은 관이를 어르고 달랬다. 우리끼리 힘을 똘똘 뭉쳐도 될까 말까 한데 한편끼리 싸워서야 되겠느냐고 말이다. 그래도 관이는 고개를 저었다.

"너희 무슨 일 있었지? 혹시 장이 때문에 어떤 문제가 생긴 거 아니니?"

보형이가 물었다. 누구도 보형이 말에 대답하지 않았지만 보형이는 다 알고 있다는 듯 고개를 끄덕였다. 도대체 나한테 무슨 문제가 있다는 말인지 알 수가 없다. 그렇다고 해서 보형이를 붙들고 말해 달라고 하기는 싫었다.

"떡볶이를 먹으면서 관이와 대화를 하다 보면 관이 화가 풀릴 수 있는데 안타깝게도 돈이 없네."

금달진과 은소진이 우리 넷은 떡볶이를 먹을 때 가장 마음이 잘 맞는다고 했다.

수업을 마치자마자 관이는 가방을 둘러메고 먼저 교실에서 나갔다. 간다는 인사도 하지 않았다. 화가 나도 단단히 난 거 같았다. 금달진과 은소진이 달려가 관이를 잡았다. 관이는 금달진과 은소진을 옆으로 밀치고 가 버렸다.

"관이 화를 풀리게 할 좋은 방법이 생각나면 문자하자."

금달진이 말했다.

"됐어. 계속 화내고 싶으면 화내라고 해. 솔직히 말해서 일이 잘못되었을 때 우리만 갇히는 거 아니잖아. 우리만 수렁에 빠지는 거는 아니란 말이야. 관이도 우리랑 한 몸이랬어. 그래 봤자 저도 손해라고."

나는 퉁명스럽게 말하며 쌩하니 앞서 계단을 내려왔다. 교장실 앞을 지나가는데 안에서 이상한 소리가 들리는 거 같았다. 나는 교장실 문에 귀를 댔다.

"네 명이야. 네 명의 말을 다 삼키면……. 크크크, 나는 말의 나라 대마왕이 될 수 있어."

교장 선생님 목소리 같았다. 대마왕? 착한 왕을 대마왕이라고 하지는 않는데……. 나는 슬며시 문을 열었다. 교장 선생님과 눈이 딱 마주쳤다. 교장 선생님은 소파에 앉아 휴대폰을 들고 있었다.

"집에 가는 길이니? 요즘은 유튜브에 재미있는 게 많구나. 같이 볼래?"

교장 선생님이 물었다.

"아니요."

나는 문을 닫았다.

'유튜브에서 나온 말이었나?'

나는 고개를 갸웃거렸다.

집으로 돌아왔을 때 엄마는 노릇노릇 튀겨진 감자 크로켓 다섯 개를 접시에 담아 내왔다.

"장이야, 오늘 감자 크로켓 했다. 지난번에 아주 잘 먹는 거 같아서 다시 만들어 봤지. 감자가 포실포실하니 얼마나 맛있게 생겼는지 시장에서 감자를 딱 보는 순간 우리 장이가 떠올랐다니까."

엄마는 요즘 아주 잘나가는 요리 연구가가 개발한 레시피를 따라 해서 오늘 크로켓은 다른 날보다 더 맛있을 거라고 했다. 크로켓 안에 사과잼이 들어갔다고 했다.

"그 아저씨 레시피는 다 훌륭해요."

크로켓을 입에 넣는 순간 나는 감탄해서 말했다. 크로켓이 입 안에서 살살 녹았다.

"에이, 레시피가 아무리 훌륭해도 다 맛있는 거는 아니지. 솜씨가 있어야 하거든. 같은 레시피에 같은 재료라고 해도 맛은 다 다르거든. 진짜 맛있지?"

엄마가 바짝 다가앉았다.

"네."

"장이가 맛있게 먹으니까 엄마가 참 행복하다."

"네."

"장이는 엄마한테 뭐 할 말 없어?"

또 저 질문이다.

"없는데요."

그때 휴대폰이 울렸다. 금달진한테 문자가 왔다.

> 우리 엄마가 떡볶이 해 주신대.
> 우리 집으로 와.

> 관이랑 은소진한테도 문자 보낼게.
> 공주아파트 202동 2001호.

나는 당장 금달진 집으로 달려갔다. 가면서도 관이가 오지 않으면 어쩌나 걱정이 되었다.

다행히 관이도 와 있었다.

"달진이가 하도 떡볶이 파티를 열어 달라고 졸라서 만들긴 만들었는데 내가 워낙 솜씨가 없거든. 맛이 없으면 어쩌니."

금달진 엄마가 걱정했다. 윤기가 좌르르 흐르고 보기에는 먹음직스러운데 말이다. 포크로 찍어 올릴 때 졸졸 흐르는 양념 색깔도 침이 고이게 만들었다. 떡볶이를 입에 넣고 씹으면서도 왜 금달진 엄마가 그런 말을 했는지 이해가 되지 않았다. 떡볶이는 맛있었다. 그냥 맛있는 정도가 아니라 엄청 맛있었다. 금달진 엄마는 겸손한 거였다.

"어때? 먹을 만하니?"

금달진 엄마가 나에게 물었다.

"네."

"먹을 만해?"

금달진 엄마가 다시 물었다.

"네에."

나는 내 목소리가 작아서 금달진 엄마가 내 대답을 못 들은 거 같아서 조금 더 크게 대답했다.

"그래?"

금달진 엄마 표정이 애매했다. 웃는 거 같기도 하고 아닌 거 같기도 하고.

"먹을 만하니?"

금달진 엄마가 이번에는 관이에게 물었다.

"네, 완전 맛있어요."

관이가 말했다.

"조금 달기는 하지만."

역시 관이다.

"저는 단맛이 강해서 더 맛있어요. 저는 단 걸 좋아하거든요."

은소진이 엄지손가락을 치켜 올렸다.

역시 떡볶이를 먹

으면서 대화를 하니까 달랐다. 관이는 화가 좀 풀린 것 같았다. 나는 떡볶이 양념이 화를 풀리게 하는 마법의 양념일지도 모른다는 생각을 했다. 나중에 전국의 떡볶이집을 다 돌아다니며 양념을 연구해 봐야겠다는 생각도 들었다.

"우리 넷이 똘똘 뭉쳐야 한다는 말이야. 아까 관이 네가 동아리 교실에서 나가자마자 교장 선생님이 들어와서 엄청 좋아했거든. 동아리를 그만두니 어쩌니 그런 말 하지 마, 알았지? 그러다 네 명에게 진짜 끔찍한 일이 생기면 어쩌려고 그래? 나는 그게 겁나고 무서워서 밤에 무서운 꿈을 꿀 때도 있거든. 차라리 어떤 끔찍한 일이 일어나는지 알면 이 정도로 겁나지는 않을 거야. 아무것도 모르니까 더 무서워. 우리끼리 싸우지 말자. 누굴 한 명 더 데리고 올 수 있을지 고민하기도 바쁜데."

금달진이 구구절절 맞는 말을 했다. 나도 잘못하긴 잘못했다. 말을 함부로 하는 게 아닌데.

"장이 너는 나한테 할 말 없어?"

관이가 물었다.

"앞으로는 싸우지 말자."

나는 진심으로 말했다. 관이가 얼굴을 찡그렸다.

"그 말 말고, 다른 말. 다른 할 말은 없느냐고? 네가 잘못했는데 내가 용서해 주는 거잖아."

요즘 '나한테 할 말 없어?' 이 말이 유행인가? 왜 너도나도 다 그 말을 하는지 모르겠다.

"그러니까 앞으로는 싸우지 말자고."

"하긴 장이 너는 늘 그랬어."

관이가 말했다.

"나도 싸우지 않도록 조심할게."

나는 다시 한번 힘주어 말했다. 이 말만큼 중요한 말은 없는 거 같았다.

"한 몸이니까 어쩔 수 없지, 뭐."

관이는 할 수 없다는 듯한 표정으로 고개를 끄덕였다.

금달진 엄마가 남은 떡볶이를 포장해서 나눠 주었다. 집에 가져가서 먹으라고 말이다. 그런데 관이와 은소진한테만 주고 나한테는 주지 않았다.

"저는 왜 안 주세요?"

세상에서 가장 나쁜 거는 먹는 거로 차별하는 거다. 나도 집에 가서 떡볶이 먹고 싶다. 떡볶이 양념에 감자 크로켓을 찍어 먹으면 끝내줄 텐데. 그 생각을 하자 입에 침이 고였다.

"어떻게 하니. 소진이하고 관이한테 다 주었는데. 장이 너는 맛없어 하는 거 같아서 말이야. 공연히 주었다가 집에 가져가서 버릴 수도 있을 거 같아서 안 준 건데."

세상에서 가장 나쁜 건 먹는 걸로 차별하는 거고, 세상에서 두 번째로 나쁜 것도 먹는 걸로 차별하는 거다. 내가 언제 맛없다고 했다는 말인지. 나는 그런 적 없다. 금달진 엄마가 먹을 만하냐고 물었을 때 그렇다고 대답했다. 먹을 만하다는

거는 맛없다는 쪽보다는 맛있다는 쪽에 가까운 말이다.

그럼 처음부터 '맛있니?'라고 물어봤으면 그렇다고 대답했을 텐데. 따지고 보면 금달진 엄마가 잘못한 거다. 왜 애매하게 물어봐서.

떡볶이 봉지를 달랑달랑 들고 가는 관이와 은소진을 바라보는데 부러워서 또 눈물이 났다. 세상에서 가장 나쁜 거는 먹는 걸로 차별하는 거고 세상에서 두 번째 나쁜 것도 먹는 걸로 차별하는 거다. 그리고 세상에서 세 번째로 나쁜 것도 또한 먹는 걸로 차별하는 거다.

나 때문이래

내일 동아리 시간이 있는 날이다. 시간이 이렇게 빨리 가는 건 줄 예전에는 미처 몰랐었다.

"큰일이야. 만약에 내일 옐로카드 한 장 더 받으면 레드카드야."

관이 얼굴이 핼쑥해 보였다. 누굴 변사 동아리로 데리고 올지 밤새 고민하느라고 잠을 못 잤다고 했다.

금달진과 은소진 얼굴도 관이와 똑같았다. 얼마나 살이 쪽 빠졌는지 하루 새에 광대뼈가 툭 튀어나왔다. 금달진과 은소진도 레드카드를 받으면 어쩌나 걱정하느라고 잠을 못 잤다고 했다.

"걱정은 장이가 제일 많이 한 거 같아. 하긴 장이가 동아리 회장이니까 당연하겠지. 불쌍해서 못 봐주겠어."

관이가 애처로운 눈으로 나를 바라봤다.

"얼굴이 소금에 절여서 쪼그라든 오이 같아. 우리 엄마가 오이김치 담글 때 내가 옆에서 봤거든. 딱 장이 얼굴같이 생겼었어."

관이가 한마디 더했다.

그때였다. 뒤통수가 유난히 동글동글해 보이는 아이가 저만큼 앞서가고 있었다. 낯익은 뒤통수였다.

"저 아이 누구지? 어디서 많이 보던 아이인데……. 아, 맞아. 쟤 수용이 아니니?"

딱 한 번 2학년 때 같은 반이었던 수용이었다. 수용이는 언제나 조용했다. 말이 별로 없었는데 어쩌다 말을 할 때도 조용조용 작게 말했다. 행동도 마찬가지로 조용했다. 복도를 걸어갈 때도 꼭 뒤꿈치를 들고 걸어 다녔다. 밥을 먹을 때도 마찬가지였다. 바로 옆에 앉아 있어도 밥 씹는 소리나 숟가락 젓가락 소리도 내지 않았다.

"수용이 쟤가 장이 너 좋아하지 않았냐?"

관이가 말했다.

나는 전혀 모르는 일이다. 수용이가 나를 좋아하다니, 도대체 왜?

"기억 안 나?"

무슨 기억을 말하는지 모르지만 안 난다.

"2학년 때 네가 수용이 우유를 몇 번 대신 마셔 주었거든. 수용이는 우유를 싫어하는데 선생님한테 말을 못 하고 급식 시간에 우유만 보면 질질 짰거든. 그때 네가 수용이 대신 마셔 줬잖아."

그런 적이 있었나? 나는 원래 우유를 좋아하기 때문에 아이들이 안 마시는 우유를 대신 먹어 준 적이 많았다.

"2학년 2학기 때 최고로 좋은 친구 투표를 했을 때 장이 너도 한 표 나왔었잖아? 그 표가 누구 표인 줄 알아? 바로 수용이 표였어."

"그래?"

나는 전혀 모르고 있었다.

"그때 장이 너는 참 멋졌지. 어른스럽기도 했고. 그렇게 앞장서서 곤란한 친구를 도와주는 거 쉽지 않거든."

관이는 진지했다. 관이는 내가 우유를 좋아하는지 몰랐던 모양이다.

"딱 하나 뭔가 약간 부족한 게 문제지. 자, 가라. 수용이한테 가서 변사 동아리에 들라고 말해. 수용이라면 틀림없이 네 말을 들어줄 거야."

관이는 주먹을 들어 파이팅까지 외쳐 주었다.

나는 관이의 응원을 등에 업고 수용이에게 달려갔다.

"안녕!"

나는 수용이 앞을 가로막고 한쪽 손을 들고 흔들었다. 수용이는 처음에는 깜짝 놀라더니 곧 손을 흔들어 주었다.

"수용이 너 어느 동아리 들었어?"

"트로트 동아리."

우리 학교에 그런 동아리도 있었나? 랩 동아리도 아니고 케이팝 동아리도 아니고 촌스럽게 트로트 동아리가 뭐람.

그리고 수용이와 트로트 동아리는 어울리지 않았다. 트로트면 노래를 부르는 거다.

수용이처럼 조용하고 부끄러움을 많이 타는 아이가 앞에 나가 노래를 부른다는 것은 상상이 안 간다. 그것도 피자 위에 치즈처럼 축축 늘어지는 트로트라니.

"선생님이 억지로 들어가라고 했구나?"

보나마나 뻔하다. 트로트 동아리가 인기가 없고 아이들을 모으지 못하니까 선생님이 억지로 들어가게 했을 거다. 인기 많은 동아리에 아이들이 왕창 몰리면 몰리는 아이들을 나눠야 하니까 말이다.

수용이가 나를 빤히 바라봤다. 내 말이 맞는다는 뜻인지 아니라는 뜻인지 알 수가 없었다.

"선생님이 억지로 들어가게 했지? 억지로 뭘 하면 힘들고 지겹지 않니? 동아리 시간이 돌아오는 게 너무너무 싫기도 하고 말이야. 내가 너를 구해 줄게. 동아줄이 되어 준다는 말이지."

나는 수용이 손을 잡았다.

"동아줄?"

"응. 전래동화에 나오잖아. 어떤 오누이가 호랑이 밥이 되려고 하는 찰나 하늘에서 동아줄이 내려왔잖아. 오누이는 그 동아줄을 잡고 하늘로 올라가게 되었고. 내가 그런 동아줄이 되어 줄게."

나는 간절하게 말했다. 오늘밖에 시간이 없다. 한 명을 구해야 한다. 수용이는 눈을 끔벅일 뿐 냉큼 동아줄을 잡으려고 하지 않았다.

"내가 2학년 때 네 우유를 먹어 주면서 너를 구해 주었었잖아? 그때처럼 지금 너를 또 구해 준다니까."

얼마나 답답한지 목소리가 저절로 커졌다.

"고마워."

한참 후 수용이가 말했다. 이야! 성공이다. 나는 춤이라도 덩실덩실 추고 싶었다.

"내일 변사 동아리로 가자. 내가 변사 동아리 회장인 거는 알고 있지?"

나는 저쪽에서 바라보고 있는 관이와 금달진, 은소진을 향해 브이 자를 만들어 보였다. 관이와 금달진, 은소진이 개구리처럼 팔짝 뛰었다.

"변사 동아리?"

"응. 교장실 옆 교실이 변사 동아리 교실이야. 내일 동아리 시간에 거기로 오면 돼. 아니면 내가 네 교실로 데리러 갈까? 몇 반이니?"

"나는 트로트 동아리 계속할 건데. 변사 동아리 싫어."

"왜? 내가 구해 준다니까. 구해 준다고. 너도 조금 전에 내가 구해 준다니까 고맙다고 그랬잖아? 고맙다고 한 거는 내가 하자는 대로 하겠다는 뜻 아니니?"

얘가 잘 나가다가 왜 이러는지 모르겠다.

"그냥 구해 준다는 말은 도와준다는 말이잖아. 도와주지 않아도 상관없는데 도와준다고 말하니까, 그 성의를 생각해서 고맙다고 인사한 거야. 나는 트로트 동아리가 좋아."

이러면 곤란하다.

"너 내가 2학년 때 네가 먹기 싫어하는 우유를 대신 먹어 주었는데 이래도 돼? 네가 질질 짜고 있을 때 슈퍼맨처럼 나타나서 너를 구해 준 사람이 바로 나야. 그런데 이래도 되는 거냐고? 그리고 가장 좋은 친구 투표할 때 너는 나를 찍었다면서? 그런데 마음이 변한 거야? 어떻게 마음이 그렇게 쉽게 변할 수 있어?"

마음이 변하는 걸 배신이라고 한다. 배신은 나쁜 거다.

"맞아. 가장 좋은 친구로 내가 너를 찍었어."

수용이가 고개를 끄덕였다.

"그런데 그 투표가 끝나고 나서 너랑 나랑 싸웠던 거는 기억나지 않는 모양이네. 그때 나는 너한테 상처받았어. 아! 나 숙제 안 한 거 있어. 빨리 가서 해야 해."

수용이가 갑자기 생각났다는 듯 나를 밀치더니 운동장을 내달렸다. 내가 수용이와 싸웠다고? 거기에다 나한테 상처를 받았다고? 왜? 아무리 생각해도 모르겠다.

"내가 수용이랑 싸웠냐?"

나는 관이에게 물었다.

"싸웠다고? 왜?"

관이도 모르는 모양이었다.

"나도 몰라. 아무튼 나 때문에 상처를 받았대."

"변사 동아리에 안 들어온대?"

금달진이 물었다. 내가 고개를 끄덕이자 관이와 금달진, 은소진 얼굴은 절망적으로 변했다.

신입 회원이 들어오다

"레드카드! 레드카드!"

교장 선생님이 색깔도 선명한 빨간색 종이를 높이 쳐들었다.

"어차피 레드카드를 주지 않아도 약속한 날짜가 코앞이니……. 어떻게 할래? 둘 중에 하나를 선택해라. 레드카드를 받고 오늘 동아리 해체할래? 나를 동아리 회원으로 받아 줄래? 아니면 모레가 그날이니 그날까지 그냥 기다릴래?"

교장 선생님은 뒷짐을 지고 교실을 왔다 갔다 하며 물었다.

"뭐 모레까지 기다려봤자 별다른 수가 생기겠어? 척 보니 아무것도 안 하고 있는 눈치인데. 승리 예감."

그때 교장 선생님이 중얼거리는 소리가 들렸다.

할멈이 했던 말이 떠올랐다. 할멈은 우리를 도와주려 한다고 했다. 그리고 꼭 훼방하는 자가 있다는 말도 했다. 훼방하는 자는 교장 선생님일 거다. 승리 예감이라면 교장 선생님이 할멈을 이긴다는 말?

"교장 선생님! 잠깐만요, 5분만 회의할 시간을 주세요."

나는 서둘러 말했다.

"모레까지 시간을 벌자. 일단 교장 선생님을 동아리에 가입하게 하고 오늘 내일 집중적으로 책을 찾아봐. 문제를 풀어야 일이 끝날 거 같아. 회원 한 명을 구하면 동아리는 계속될 수 있겠지만 교장 선생님이 진짜 원하는 거는 따로 있을 거야."

"장이 말을 듣고 보니 맞는 말 같아. 할멈이 그랬잖아. 할멈이 도와주려고 하는데 훼방하는 자가 있다고. 우리를 수

렁에 빠지게 하려는 그자가 바로 교장 선생님일 거야. 그런데 우리 이러다 책도 못 찾고 문제도 못 풀면 어떻게 되는 거지? 진짜 무섭다. 뭘 잘못해서 신고를 당했다는데 뭘 잘못했는지 알아야 반성이라도 하지."

관이가 말했다.

"일단 동아리에는 가입해도 된다고 하자."

"그래야지. 지금 별수 없잖아?"

나는 교장 선생님에게 갔다.

"회의 결과 교장 선생님을 동아리 회원으로 받아들이기로 했어요."

"아주 현명한 판단이군. 아, 동아리에 들어가려면 가입 신청서 뭐 그런 거 써야 하나?"

교장 선생님은 얼마나 좋은지 크윽! 하고 웃었다. 그때 봤다. 입술 사이로 유난히 날카롭게 빛나는 송곳니를! 문득 교장실에서 흘러나오던 목소리가 생각났다. 네 명의 말을 삼킨다는 말 말이다. 유튜브가 아니라 교장 선생님이 누군가와 통화를 하는 소리는 아니었을까. 소름이 오소소 돋았다.

"아니에요. 가입 신청서 그런 거는 없어요."

"그래? 그럼 오늘부터 당장 시작하자. 뭘 할까? 뭘 해야 하니?"

교장 선생님은 신나 보였다. 교장 선생님이 신날수록 나는 더 걱정되었다.

"일단 변사에 대해 설명할게요."

"그건 알고 있다."

교장 선생님이 내 말을 잘랐다.

"그럼……, 흥부 놀부 이야기에서의 한 장면을 변사 대사로 써 보세요."

"그야 문제없지."

교장 선생님은 창가에 앉아 햇볕을 받으며 대사를 썼다.

"다 되었다."

잠시 후 교장 선생님이 대사를 쓴 종이를 흔들어 보였다. 아주 잠깐이었는데 꽤 길게 썼다. 교장 선생님은 대사가 적힌 종이를 복사해 와서 한 장씩 나눠 주었다.

"헉."

대사를 읽는 순간 너무 놀라 숨이 멎는 줄 알았다.

"왜 그렇게 놀라? 이상한 점이라도 발견했어?"

관이가 물었다.

도깨비들이 방망이를 휘두르며 놀부 집 안을 쑥대밭으로 만들었던 것이었다~. 원하는 것이 무엇이오. 다 줄 터이니 제발 목숨만 살려 주시오. 놀부는 도깨비들에게 통 사정을 했던 것이었다. 우리가 원하는 것은 네 목숨이 아니다, 네 목숨은 필요없다. 도깨비가 소리를 질렀던 것이었다. 그럼 무엇을 원하십니까? 다~ 다~ 드리겠습니다. 놀부는 통사정을 했던 것이었다. 너와 네 가족의 말을 다오. 우리는 말을 먹는 도깨비이니라. 특히 너와 같은 자들의 말이 필요하느니

라. 도깨비가 말했던 것이었다. 아이구, 그깟 말 다 가져가시오. 말을 가져가면 더는 말을 못 하게 되느니라. 도깨비가 말했던 것이었다. 그깟 말 못 해도 상관없습니다. 어서 가져가시오~. 아아아, 말을 잃은 놀부는 앞으로 어떻게 될 것인가?

꿀깍. 무섭고 두려워서 침이 저절로 넘어갔다.
"왜 그러냐고?"
"읽어 봐. 내용이 우리가 아는 흥부 놀부 이야기와는 좀 다를 거야. 사실은 있잖아…….."
내가 교장실에서 흘러나온 말에 대해 관이에게 설명하려는 찰나 교장 선생님이 다가왔다.
"어때, 재미있지?"
교장 선생님이 씨익 웃었다. 송곳니가 드러났.
어쩐지 아까보다 조금 더 길고 날카로워진 느낌이었다. 나는 송곳니를 유심히 바라봤다. 보통 사람들과 차이점을

찾아보려고 말이다. 그러다 그만 교장 선생님과 눈이 딱 마주쳤다. 교장 선생님 눈이 매섭게 빛났다. 그때였다.

쾅! 동아리 교실 문이 부서질 듯 열리더니 우리 선생님이 나타났다.

"오장이. 빨리 집에 가라. 엄마가 편찮으시단다. 아빠가 전화하셨어."

나는 깜짝 놀라 자리를 박차고 일어났다. 엄마가 아프다니! 갑자기 어디가, 왜? 오늘 아침에 학교에 올 때만 해도 엄마는 멀쩡했었다.

"아무리 바빠도 횡단보도 건널 때 신호는 지켜라."

선생님도 놀랐는지 목소리가 좀 이상했다. 한순간 팍 늙은 느낌이라고나 할까.

집까지 달려가는데 수만 가지 생각이 다 들었다. 학교까지 전화해서 알리고 나를 빨리 오라고 하는 걸 보면 무지하게 많이 아픈 거다. 어쩌면 엄마가 죽을지도 모른다는 생각에 눈앞이 캄캄해져서 몇 번이나 넘어질 뻔했다.

"엄마."

현관문을 열고 들어섰을 때 온몸은 땀에 흠뻑 젖어 있었다. 집 안에는 아무도 없었다. 울고불고 엄마를 찾아다니는데 아빠가 들어왔다.

"아빠, 엄마는요? 엄마가 아프다면서요?"

"어떻게 알고 왔니? 엄마는 지금 병원에 있단다. 119를 불러 병원에 갔다고 하던데 지금은 괜찮아졌어. 네가 놀랄까 봐 학교에는 연락하지 않았는데 어떻게 알고 왔는지 모르겠네. 아빠는 뭣 좀 가지러 왔어. 같이 병원에 가자."

아빠는 안방에서 뭔가 찾아 가방에 넣어 들고 나왔다.

"아빠가 우리 선생님한테 전화하지 않았어요?"

"안 했는데. 연락도 안 했는데 너희 선생님은 엄마가 아픈 걸 어떻게 아셨을까?"

아빠가 고개를 갸웃거렸다.

병원으로 막 들어서는 순간 휴대폰이 울렸다. 관이가 보낸 문자였다.

> 장이야, 책 찾았어. 내가 교실 사물함
> 맨 구석에 넣어 놨더라고.
> 그런데 글씨가 흐려서
> 무슨 글씨인지 알아볼 수가 없어.

오장이의 말 사전

엄마는 잠이 들어 있었다. 엄마 얼굴이 많이 핼쑥해 보였다. 입술도 파래 보였다. 눈물이 왈칵 쏟아졌다.

"엄마가 왜 아파요? 왜 119에 실려 와요?"

엄마가 이렇게 아픈 건 처음 봤다. 아파서 누워 있는 것도 처음 보고 병원에 온 것도 처음이었다. 엄마는 감기에 걸려도 일어나서 밥을 하고 청소도 하고 빨래도 했다.

"뭘 먹다가 급체, 그러니까 위장에 탈이 난 거지. 뭘 급하게 먹은 건지는 아직 모르겠다. 엄마가 깨어나면 알 수 있겠지."

이상했다. 엄마는 먹는 거에 욕심을 부리지 않는다. 많이 먹지도 않는다. 많이 먹기는커녕 만들어 놓고도 엄마는 먹지 않을 때가 더 많다. 나는 엄마 옆에 앉아 엄마 손을 만져 봤다. 이렇게 엄마 손을 만져 보는 건 참 오랜만이다. 엄마 손에 어쩐지 주름이 더 많이 생긴 거 같았다.

엄마는 밤늦게 깨어났다.

"당신 괜찮아? 도대체 뭘 먹은 거야?"

아빠가 물었다.

"새로운 크로켓을 개발하는 중이었거든. 유명한 요리 연구가가 개발한 레시피에 내 생각을 더해서 기막히게 맛있는 감자 크로켓을 만들려고 했어. 그러느라고 감자를 한꺼번에 너무 많이 먹은 거 같아."

"당신 감자 알레르기 있잖아? 많이 먹으면 안 된다는 거 몰라서 그걸 많이 먹어?"

아빠가 화를 냈다.

엄마는 배시시 웃으며 아빠 말에는 대답하지 않았다. 나는 몰랐다. 진짜 몰랐다. 엄마가 감자 알레르기가 있는 것도 몰랐고 감자를 많이 먹으면 큰일 난다는 것도 몰랐다.

"앞으로는 감자 사지도 마. 베란다에 나가면 감자가 잔뜩 있던데. 감자도 못 먹는 사람이 왜 그렇게 감자 욕심이 많아? 앞으로 감자 사면 내가 다 갖다 버릴 거야."

아빠가 말했다.

"장이가 감자를 얼마나 좋아하는데 버려?"

엄마가 두 손을 휘저었다.

"장이 때문에 새로운 감자 크로켓인지 뭔지 개발하는 거야? 어이구야, 해 봤자 소용없는 일 하고 있네. 장이는 입이 짧아서 뭐를 먹어도 다 맛없어 해. 이것도 맛없고 저것도 맛없고. 그러니 헛수고하지 마. 당신, 장이가 맛있다고 칭찬하는 말 들어 본 적 있어? 그냥 대충 해 줘."

"맛없어 하니까 맛있는 걸 개발해야지."

엄마는 한 마디 더 했다가 아빠한테 끝없이 잔소리를 들었다. 정 맛있는 걸 먹이고 싶으면 사다 먹이라고 했다. 요즘 아이들은 파는 음식을 더 맛있어 한다고 말이다.

그건 아빠가 모르고 하는 말이다. 요즘 아이들이라고 해서 다 파는 음식을 좋아하는 것은 아니다. 그리고 파는 음식이 다 맛있는 것도 아니다. 솔직히 말하면 나는 엄마가 만들어 주는 음식이 세상에서 제일 맛있다.

'나 때문에 엄마가 아픈 거야.'

엄마한테 미안했다.

"장이 너는 그만 집에 들어가라. 병원에는 아빠 혼자 있어도 돼."

아빠가 말했다.

"아니에요. 내일이 토요일이니까 제가 병원에 있을래요."

"아이구야, 오장이, 병원에서 자는 게 쉬운 일이 아니야. 삼촌한테 집에 와 달라고 부탁할 테니까 집에 들어가."

아빠는 물을 떠 오겠다면서 물병을 들고 병실에서 나갔다.

"장이야. 엄마는 이제 괜찮아. 걱정하지 마. 우리 장이가 걱정해 주니까 고맙다. 그리고 너무 걱정하는 거 같아서 장이한테 미안하기도 해."

엄마 말을 듣는데 다시 눈물이 쏟아졌다. 엄마는 이렇게 아파도 내 걱정인데 나는 그동안 엄마 걱정은 하나도 하지 않았다. 엄마가 눈길에 넘어져서 옷이 젖어도, 콧물을 질질 흘려도 걱정하지 않았다. 그리고 고마운 것도 모르고 고맙다는 말도 단 한 번도 하지 않았다. 완전 불효자다.

"엄마가 만들어 주는 음식은 절대 맛없지 않아요."

나는 엄마 눈을 바라봤다.

"그래?"

엄마 얼굴이 환해졌다.

"세상에서 제일 맛있어요. 최고예요, 최고!"

나는 엄지손가락을 내밀었다. 이 말은 진심이다. 엄마가

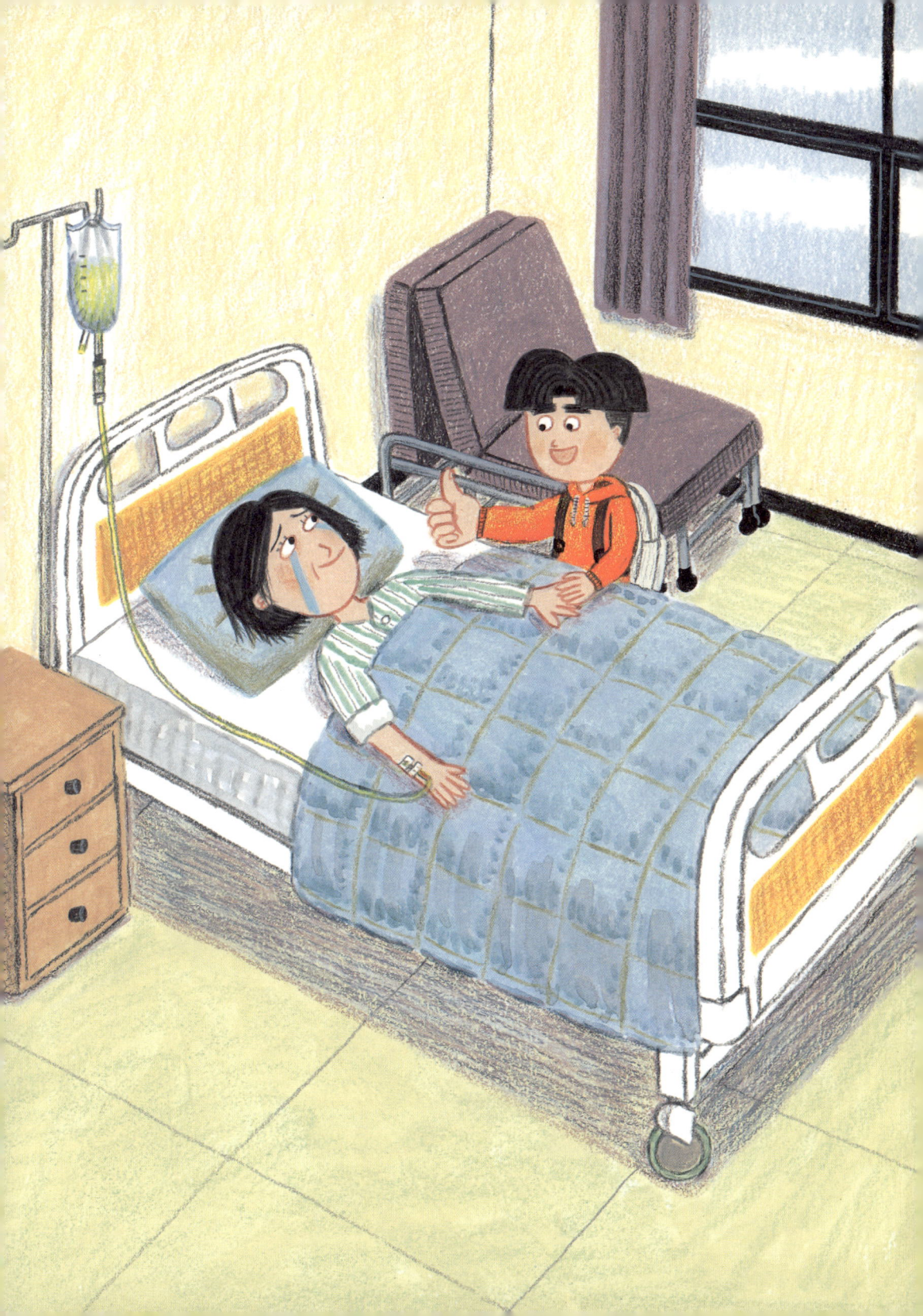

아프다고 해서 하는 말이 아니다.

"진짜 최고야?"

"네, 매일매일 맛있는 음식 만들어 주셔서 고맙습니다. 진짜, 진짜 고맙습니다."

나는 엄마 손을 잡은 손에 힘을 주었다. 그때였다. 갑자기 엄마가 눈물을 펑펑 흘렸다. 나는 내가 무슨 잘못을 했나 싶어 깜짝 놀랐다.

"엄마가 행복해서 그래. 행복해서 흘리는 눈물이야. 엄마 이제 진짜 다 나은 거 같다."

엄마는 벌떡 일어나더니 알통을 만들어 보였다.

병원에서 나오는데 금달진에게서 문자가 왔다.

> 책 찾았어. 그런데 글씨가 흐려서 무슨 말인지 알 수가 없어.

집 현관 앞에 도착하자 은소진에게 문자가 왔다.

> 책 찾았어. 하지만 글씨가 제대로 안 보여. 문제가 뭔지 모르겠어.

나는 재빨리 방으로 들어가 책꽂이에서 책을 꺼냈다. 책을 펼치자 흐려서 보이지 않았던 글씨가 또렷하게 보였다.

오장이의 말 사전

오장이는 말 더하기를 못합니다. 말 더하기 하는 방법을 배운 다음, 신고한 사람들에게 맞는 말을 쓰시오.

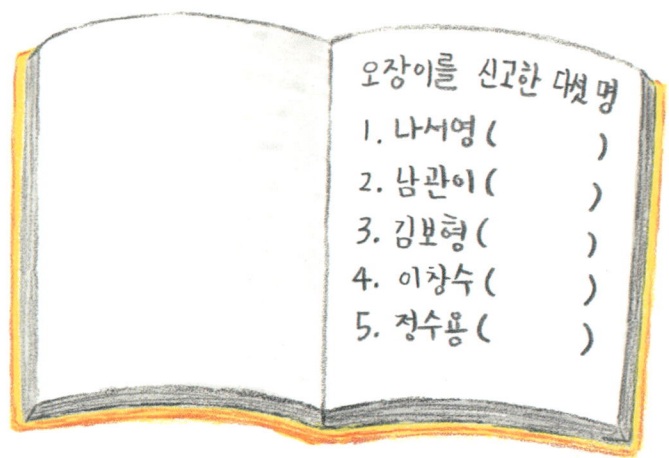

"관이가?"

관이 이름이 눈에 확 들어왔다. 순간 배신감이 느껴졌다. 자기가 신고해 놓고 여태 시치미를 떼고 있었다는 말이다. 어쩌면 그렇게도 철두철미하게 속일 수 있는 건지 주먹이 저절로 쥐어졌다.

"가만, 나서영? 우리 엄마가 나를 할멈에게 신고했다고?"

믿을 수가 없었다.

나는 다음 줄에 있는 참고 내용을 읽고 오해가 풀렸다.

참고 – 신고는 신고자가 직접 신고한 게 아님. 신고자가 마음속으로 느낀 감정이 신고가 된 것임.

엄마가 직접 할멈에게 신고를 했다는 말은 아니다. 다행이었다.

"내가 말 더하기를 못한다고? 말 더하기를 배우고 나서 문제를 풀라고 했는데, 시간이 없어. 일단 풀어 보자."

나는 연필을 집어 들었다.

"오호. 엄마한테는 무슨 말을 해야 하는지 알겠어. 머릿속에 확 떠오르는데? 내가 그동안 엄마한테 하지 못했던 말을 쓰라는 거야."

1. 나서영 (최고예요. 엄마가 더 소중해요.)

나는 '최고예요, 엄마가 더 소중해요'를 써 넣었다. 그러자 '표현을 구체적으로 해 보세요'라는 글씨가 떴다. 엄마한테 하지 못한 말들이 마구 떠올랐다. 감자 크로켓을 튀기면서 손등을 데었다고 했을 때 약국에 가라고 했었다. 그때 엄마가 바라는 말은 '아파서 어떻게 해요, 제가 약 사올까요? 저는 크로켓보다 엄마가 더 소중해요. 그러니까 데지 마세요' 이런 말이었을 거다. 나는 말 더하기를 못하는 게 맞았다. 말 더하기를 못해서 엄마를 섭섭하게 만들었다.

> 장이야,
> 엄마는 어떠셔?

1번 문제를 풀고 났을 때 답에 빨간색 동그라미가 쳐졌다. 그때 관이에게 문자가 왔다.

> 괜찮아지셨어.
> 뭘 잘못 드셔서 그랬던 거야.

> 다행이다. 그런데 어쩌냐,
> 글씨가 흐려서 아무것도 안 보이는데.

관이 책의 글씨는 여전히 흐린 모양이었다.

> 나는 이제 글씨가 보여. 나랑 관련된 문제거든.
> 나는 내가 왜 신고를 당했는지 알게 됐어.
> 일단 내가 문제를 푼 다음에 너희가
> 문제를 풀 차례인가 봐.

관이와 문자를 주고받자 관이와 나 사이에 있었던 일들이 주마등처럼 스치고 지나갔다. 나는 관이와 무슨 일이 있을 때면 항상 관이 탓을 했다. 관이 탓을 하고 나면 내가 잘못한 게 아니라는 생각이 들었었다.

언젠가 도서관에서 빌린 책을 읽고 있을 때 관이가 무슨 책인지 보여 달라고 했었다. 나는 싫다고 했다. 그런데도 관이는 자꾸 보여 달라고 했다. 표지만 보고 싶다고 했다. 나는 귀찮다는 티를 내려고 거칠게 책을 집어넣다가 그만 책 표지가 찢어지고 말았다. 나는 사서 선생님께 관이 때문에 책이 찢어졌다고 말했다. 솔직히 말하면 관이 탓만은 아닌데 말이다. 그것 말고도 생각해 보니 관이 탓을 하고, 남 탓을 한 일이 많았다.

2. 남관이 (내가 잘못했어. 내 탓이야. 미안해.)

내 탓이야.

그 말을 하는 게 뭐가 그렇게 힘들다고 하지 않았을까. 나는 문제에 답을 썼다. 그러자 구체적으로 표현하라는 글이 떴다.

책이 찢어진 사건만 해도 관이 너만 잘못한 게 아니었어. 책 표지를 보여 주면 되는 건데 나는 그게 귀찮았어. 그래서 귀찮은 내 마음을 감추지 못하고 책을 거칠게 다룬 거야. 그러다 표지가 찢어졌어. 그건 내 잘못이야. 그런데 나는 사서 선생님께 너 때문에 책이 찢어졌다고 일러바쳤어. 미안해.

2번 문제에 답을 쓰고 나자 기다렸다는 듯 빨간색 동그라미가 쳐졌다. 동그라미를 물끄러미 바라보는데 동그라미 안에 보형이 얼굴이 떠올랐다. 보형이는 뭐든 열심히 하려고 하지만 걱정이 많고 예민한 성격이었다. 그래서 자신이 잘할 수 있는 건지 묻고 또 물었던 거다.

생각해 보니 보형이는 처음부터 변사에 관심이 많았다. 그래서 변사 동아리를 만든다고 했을 때 제일 좋아했다. 보형이는 매일 인터넷을 뒤져 예전에 유명했던 변사를 찾아왔다. 그리고 나에게 자기 목소리가 그 사람들과 비슷하냐고 물었다. 나는 그때 보형이 목소리가 별로라고 했다.

그러자 보형이는 노력해서 목소리를 바꾼다고 했다. 날마다 자기 목소리가 전날보다 좀 변한 거 같으냐고 묻고 또 물었다. 그렇게 열심히 하려고 했던 보형이었다. 그런데 나는 그런 보형이를 항상 퉁명스럽게 대했다. 동아리 회장이면서 응원해 주지는 못할망정.

3. 김보형 (걱정하지 마. 할 수 있어. 너를 응원해.)

그 말을 하는 데 5초도 안 걸릴 거다. 그런데 그 더하기를 못하다니. 답을 쓰고 나자 또 자세하게 말하라는 글이 떴다.

노력은 성공의 어머니라는 말이 있어. 너만큼 노력하는 사람은 없을 거야. 보형이 너는 꼭 최고의 변사가 될 수 있어. 할 수 있어. 그러니까 걱정하지 마. 너를 응원해.

동그라미가 쳐졌다. 그 동그라미 안으로 창수 얼굴이 보였다. 변사가 되고 싶다고 찾아온 창수에게 엄마 젖이나 우유를 더 먹고 오라고 했다. 창수는 그 말에 엄청나게 상처를 받았다. 그런데 나는 미안하다는 말 한마디를 못 했다.

4. 이창수 (미안해. 네 말이 맞아.)

답을 쓰자 구체적으로 표현하라는 글이 다시 떴다.

나는 1학년이라고 무시했어. 너는 변사 학원에 다니고 싶을 정도로 진심으로 변사를 하고 싶어 했는데 말이야. 하고 싶어 하는 일을 하는 것은 나이와 상관없다는 네 말이 맞아.

동그라미가 쳐지고 수용이 얼굴이 나타났다. 수용이와 싸운 이유가 생각났다. 수용이가 나를 제일 좋은 친구로 투표하고 나서 자랑스럽게 말했을 때 나는 턱을 치켜들고 큰소리쳤다.

"그거 당연한 거 아니니? 당연한 거 가지고 생색은!"

그때 수용이는 되게 서운했던 게 분명하다.

5. 정수용 (고마워. 더 좋은 친구가 되도록 할게.)

고마워. 네가 가장 좋은 친구로 나를 선택했는데 나는 그걸 아주 당연하게 생각했어. 아무도 나를 좋은 친구로 선택하지 않는데 나를 선택해 준 네 마음을 무시했어. 누군가 나를 좋아해 준다는 것은 정말 고마운 일인데 말이야. 더 좋은 친구가 되도록 할게.

문제를 다 풀고 나서 금달진과 은소진에게 책의 글씨가 보이냐고 문자를 보냈다.

안 보여. 흐릿해.

둘 다 똑같은 문자를 보내왔다.
'네 사람이 다 문제를 해결해야 해. 한 사람이 해결했다고 해서 다 되는 게 아니야. 너희는 몸은 네 개지만 한 사람이나 마찬가지지.'
할멈 말이 떠올랐다. 관이와 금달진, 은소진도 문제를 해결해야 한다. 셋의 문제는 뭘까?

"아참, 아빠는 전화하지 않았다고 하는데 선생님은 분명 아빠 전화를 받았다고 했어. 이상하다."

나는 선생님께 전화를 했다.

"오장이, 어머니께서 편찮으시다면서? 관이와 금달진, 은소진이 말하는 거 들었어. 많이 놀랐겠구나. 지금은 괜찮으신 거니? 그렇지 않아도 전화 한번 해 보려던 참이야."

"선생님. 선생님께서 아까 우리 아빠 전화를 받았다고 하셨잖아요?"

"내가? 나는 그런 적 없는데?"

선생님 목소리가 낭랑했다. 원래 선생님 목소리였다.

'그럼 동아리에 찾아왔던 선생님은 혹시 할멈?'

생각해 보니 목소리가 딱 할멈 목소리였다.

문제를 푼 책을 책꽂이에 꽂는데 창문 쪽에 그림자가 어른거렸다.

"이제 60일이야. 훼방하려는 자는 더 강해질 거다. 너희 넷이 4월 27일에 만났으니 80일 후가 몇 월 며칠인지 계산해 봐라. 그리고 달력에다 동그라미 쳐 둬. 잊으면 큰일 나. 자, 이제 오장이 네 말 사전은 완성!"

얼핏 할멈의 얼굴이 창문을 스쳐 지나가는가 싶더니 할멈 목소리가 들렸다. 책이 연기에 휩싸여 어른거렸다. 연기는 곧 사라졌다.

'오장이의 말 더하기 사전'

할멈이 준 책 표지에 제목이 크게 쓰였다. 말 더하기 사전이었다.

사칙연산 말 사전 시리즈 1

장이의 말 더하기 사전

펴낸날	초판 1쇄 2022년 2월 15일

지은이	박현숙
그린이	강은옥
펴낸이	심만수
펴낸곳	(주)살림출판사
출판등록	1989년 11월 1일 제9-210호

주소	경기도 파주시 광인사길 30		
전화	031-955-1350	팩스	031-624-1356
홈페이지	http://www.sallimbooks.com		
이메일	book@sallimbooks.com		

ISBN	978-89-522-4384-3 74810
	978-89-522-4385-0 74810 (세트)

살림어린이는 (주)살림출판사의 어린이 브랜드입니다.

※ 값은 뒤표지에 있습니다.
※ 잘못 만들어진 책은 구입하신 서점에서 바꾸어 드립니다.

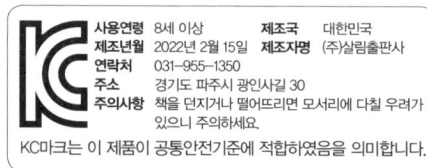